Guérir de sa mère

De la blessure à la réalisation de soi

Groupe Eyrolles
61, bd Saint-Germain
75240 Paris Cedex 05

www.editions-eyrolles.com

Avec la collaboration de Cécile Potel

ISBN : 978-2-212-56436-5

Brigitte Allain Dupré

Guérir de sa mère

De la blessure à la réalisation de soi

Deuxième édition

EYROLLES

À Élisabeth.

Table des matières

DEUXIÈME PARTIE
Les pleins et creux de la vitalité

Avant-propos

Cet ouvrage est une deuxième édition. Les interviews et nombreuses rencontres qui ont suivi la parution de la première ont fait apparaître ce qui pouvait lui manquer. Cette nouvelle édition voudrait ainsi ajouter une pierre à l'édifice déjà élevé, en ouvrant dans un nouveau chapitre la notion d'intériorité à sa dimension prospective, celle qui nous entraîne vers l'horizon et au-delà, dans des zones de la vie de l'esprit qu'il n'est pas aisé de qualifier. C'est pourquoi nous adopterons la formule « vie spirituelle », tout en souhaitant que chacun se l'approprie aussi librement que possible.

C'est avec l'appui de cette liberté, loin des dogmes, des « y a qu'à » et « il faut », que nous pouvons prendre le risque de rencontrer la beauté profonde du mystère de la vie à laquelle nous appartenons, en tant qu'humains.

Introduction

« Je me demande maintenant s'il n'était pas nécessaire qu'il y ait un vilain dans la famille, et ce vilain, c'était moi[1]. »

Blessés de mère…

Il est des plaies qui ne se referment jamais. On voudrait que leurs cicatrices s'effacent jusqu'à disparaître de notre peau d'adulte. Et pourtant, comme des revenantes, elles se réactivent à la moindre émotion, hypersensibles, quand on les voudrait indolores.

Pour notre plus grand malheur, ou à notre plus grand étonnement, ces anciennes blessures d'enfance s'ouvrent à l'improviste dans nos vies d'adultes. De toute notre volonté nous cherchons à les oublier, mais elles s'insinuent dans notre quotidien.

Et horrifiés, nous découvrons que nous ressemblons terriblement à notre mère ; elle est encore là, présente en nous. Mais comment peut-on être possédé par ce complexe maternel avec une telle constance ? « En face de mes enfants, son fantôme réapparaît ; je me retrouve dans son ton, sa dureté, son manque d'humour. Même

1. Simenon, *Lettre à ma mère*, Paris, Le Livre de poche, 1974, p. 32.

eux me le font remarquer, “Mais Papa, tu nous parles comme Mamie ! », constate cet homme.

Alors, que faire de nos blessures de mère ? Que faire de ces expériences intimes allant jusqu'au désespoir, qui faisait dire à cette petite fille de huit ans : « Tu sais, ma mère et moi on se comprend tellement pas que je pense que ce serait mieux si j'étais déjà morte… »

Une identité reniée

Que faire de ces rages quand nous sentons notre identité reniée, quand celle qui devait être notre plus solide ancrage, notre mère, ne nous a pas communiqué le goût de la vie dont nous avions besoin, dans l'incapacité qu'elle était de porter sur nous autre chose qu'un regard critique, haineux ou encore absent ?

Une énergie perdue

Une fois devenu grand, que faire des coups de ceinture d'humiliation maternelle ? Ils ne marquent pas de bleus au corps, mais assombrissent l'âme d'un épais brouillard qui empêche l'estime de soi, éteint les lumières de l'avenir, estompe l'éclat du regard des autres, pour nous enfermer dans un sentiment d'impuissance.

Des liens abîmés

Quelle place ces blessures occupent-elles dans notre construction quand les liens sont si difficiles à créer et à faire vivre tant nous sommes pollués par la tyrannie de l'idéal, parce que nous avons été privés d'un ordinaire vivant ?

Sommes-nous condamnés à nous appliquer ce dont nous avons souffert par ces jugements de nullité à notre endroit ?

Enfin, quand la rencontre avec l'autre a eu lieu, pourquoi sommes-nous à la recherche d'une adéquation absolue avec lui qui annule toute singularité et fait de nous des dictateurs du lien, en guetteurs de trahison, prêts à l'inéluctable rupture ?

Et quand nous ne sommes pas possédés par la perspective de l'abandon, pourquoi le plaisir de vivre est-il en permanence sous contrôle, nous rendant incapable de nous ouvrir à l'inattendu : jusqu'au silence du corps qui ne peut accueillir la surprise du plaisir sexuel partagé ?

Comme l'adulte, le bébé est une personne !

Dans les années 1970 l'émission « Le bébé est une personne[1] » a initié une attention nouvelle à la relation entre la mère et son bébé, conséquence, entre autres, de l'accès à la contraception. L'enfant « désiré » est sujet d'attentions nouvelles par rapport aux enfants arrivant par « accident » et non par désir. Pour certains, le malheur a voulu que non désirés, ils demeurent indésirables.

Le progrès des connaissances pousse vers une compréhension accrue des besoins relationnels et affectifs du petit d'homme. Tous les champs d'exploration de la psyché humaine approfondissent aujourd'hui la description subtile du lien entre la mère et son bébé.

De ces découvertes découle une possibilité de mieux comprendre l'impact des insuffisances maternelles sur la construction psychique

1. « Le bébé est une personne » : émission de Jean-Émile Jeannesson diffusée à la télévision le 25 mai 1970.

du bébé, dont on constatera les effets à l'âge adulte. On ne raisonne plus en termes de caractère dont on aurait hérité, mais en termes d'histoire personnelle qui a fait ce que nous sommes devenus.

Le besoin de maternel

Tous ces travaux décrivent dans le détail les besoins relationnels du bébé : pour une croissance psychoaffective équilibrée le bébé doit rencontrer une personne authentiquement maternelle, que ce soit la mère, le père, ou un substitut.

Dans la première enfance, la qualité du maternel est essentielle au portage physique et affectif ouvrant le bébé au monde, à lui-même, à son corps, à ses émotions, et aux autres.

Dans notre vocabulaire technique, le maternel est une dimension psychique, impersonnelle, qui décrit cette position spécifique d'ajustement aux besoins ordinaires d'un bébé, aussi bien sur le plan de la sécurité affective que dans les soins quotidiens.

Cet ajustement est la répétition singulière pour chaque bébé d'un schéma millénaire de conduites humaines face à l'expérience de la maternité. Ce *pattern*[1] est animé d'énergies paradoxales, faites de proximité et de distance.

En ce sens, on comprend que le maternel peut être psychiquement animé par une autre personne que la mère biologique : le père, une

1. Le mot anglais *pattern* est utilisé pour désigner un modèle, une structure, un motif, un type, etc. Il s'agit d'un phénomène ou d'une organisation que l'on peut observer de façon répétée lors de l'étude de certains sujets, auquel il peut conférer des propriétés caractéristiques.

nourrice, une mère adoptive, un ami. L'activation d'un maternel ajusté déclenche la réponse du bébé, comme de son partenaire : c'est l'attachement qui crée du lien.

Comment devenir adultes ?

Plutôt que de continuer à prescrire le modèle de mère plus que parfaite avec ses recettes inapplicables, nous inversons la question : nous sommes tous les enfants d'une mère humaine, donc forcément plus ou moins bonne, sans réel rapport avec l'idéal qui sature la mémoire universelle et remplit les livres.

Partant de cette réalité, comment tracer notre route de vie, quand notre mère a été plutôt moins bonne, ou même carrément mauvaise, pour des raisons que nous n'avons pas à juger, mais avec des effets que nous avons à considérer attentivement ? Adultes, comment nous dégager de cette fidélité inconsciente à notre enfance marquée par ces blessures de mère ?

L'héritage sans testament

Nous envisagerons l'usage que ces adultes blessés de mère font de l'héritage du passé, quand ils s'en découvrent dépositaires depuis l'enfance, et quand l'empreinte empêche de réaliser un projet de vie qui s'en affranchisse. Marqués par un destin spécial, ils se voient sans avenir, sans droit à une vie « comme les autres », comme ce patient d'une trentaine d'années qui constate : « Ma mère m'a fait toute seule ; elle ne s'est pas demandé si j'étais prêt à passer vingt ans de ma vie à lui tenir compagnie, juste parce qu'elle avait peur de vieillir seule. Loin d'elle, je me rends compte qu'elle est tout le temps dans ma tête : elle ne me lâche pas ! »

Des patients de tous âges apportent à la psychanalyste jungienne que je suis ces interrogations sur le sens de la vie. De l'incompréhension totale à l'autoaccusation coupable, ils sont arrêtés dans leur élan vital. L'explication est d'autant plus difficile à trouver que la figure maternelle est quasi sacrée dans l'inconscient de notre culture. Et remettre en question une mère réelle peut devenir parfois très culpabilisant.

Alors, la violence se retourne contre soi : « Je suis inapte au bonheur », serait l'explication première.

La banalité de la maltraitance psychoaffective

Autant les sciences humaines ont créé un portrait[1] de la mère idéale pour répondre aux besoins de l'enfant, autant peu de travaux décrivent les dommages qui freinent les adultes victimes des dysfonctionnements maternels, suffisamment significatifs pour en faire des blessés psychiques.

Quand l'idée d'apaisement propre au passage du temps reste improductive, où situer l'espoir d'avancer ? On s'interroge : était-ce si grave ? Mes frères et sœurs n'ont pas l'air de souffrir autant que moi. Et mon père, quel rôle a-t-il joué là-dedans ?

La maltraitance maternelle ordinaire n'est pas visible, ses effets à long terme n'en restent pas moins redoutables. « Ce n'était pas les Thénardier, Cosette était plus malheureuse que moi, mais… Toute

1. Avec l'inconvénient majeur de stigmatiser les mères de manière inconsidérée, comme l'a fait par exemple l'œuvre de Bruno Bettelheim à propos des mères d'enfants autistes.

mon enfance est marquée par l'injustice d'avoir été mal aimée. C'est comme un clou enfoncé dans mon cœur et rien ni personne n'y peut rien. Qu'est-ce que j'ai fait pour mériter ça ? », peut-on entendre.

Le mythe de la mauvaise mère

Ma position d'analyste m'a cependant enseigné à me méfier du mythe de la « mauvaise mère ». Le développement de la personnalité d'un sujet est le fruit d'un faisceau d'influences et l'on ne peut pas éthiquement attribuer à un seul événement traumatique la puissance destructrice que l'on imagine ensuite.

Seule la répétition d'expériences négatives ou la contamination pathologique entrave le développement de la personnalité de l'enfant. L'observation et l'évaluation seront au premier plan de nos exemples.

L'adulte peut s'expliquer avec ses empêchements d'enfance, mais sans oublier qu'il est aussi un sujet responsable et donc capable d'analyser ses difficultés à quitter une position de victime.

Le travail sur le passé des blessés de mère prend son sens pour entrer dans une connaissance approfondie des dynamiques inhibitrices ou destructrices qu'ils rencontrent dans leur vie d'adultes. La répétition de leur histoire d'enfant constitue la mémoire qui relance l'énergie psychique sur une trajectoire ancienne : elle sollicite en même temps une réponse nouvelle à des *patterns* du passé.

Engager notre vraie personnalité dans la vie

Repérer intellectuellement les blocages anciens ne suffit pas à les transformer, même si cela ouvre déjà la possibilité de mieux se connaître. Reste une évaluation toujours à revoir, à l'opposé d'une interminable rumination.

« Je comprenais, de manière tout à fait obscure, qu'il me faudrait trouver le point où ma propre vie pourrait se réconcilier avec elle-même[1]. »

Pour Jeanette Winterson, le passé n'est ni fixe ni immobile. Les faits ne changent pas, mais notre regard sur l'histoire qui nous a fait, peut, lui, changer.

« J'essaye de respecter ma complexité. Il me fallait connaître l'histoire de mes débuts dans le monde, mais je dois accepter qu'il ne s'agisse que d'une version. Cette histoire est véridique, mais elle n'en reste pas moins une version parmi d'autres[2]. »

À partir d'une interprétation sans cesse à revoir, on peut risquer le changement, le vivre et pas seulement le penser. Le changement casse le *pattern* que l'on a de soi, pour se connaître autrement. *La mère* reste celle qu'elle est, ce n'est plus notre affaire.

Connaître, étymologiquement : « naître avec », pour s'extraire d'une matrice mortifère et découvrir que nous sommes reliés à une histoire qui n'est pas la nôtre, mais celle de notre mère, dont nous ne sommes pas responsables, encore moins coupables.

---

1. J. Winterson, *Pourquoi être heureux quand on peut être normal ?* Paris, Éditions de l'Olivier, 2012, p. 173.
2. *Ibid.*, p. 266.

Si belle et tellement bonne

Le maternel est par essence ambivalent. L'ambivalence est nécessaire à l'enfant pour qu'il ne se sente ni magique ni diabolique, mais un individu à la fois ordinaire et singulier.

Tout dans la culture ambiante vénère la figure maternelle. Après la figure mythologique d'Isis, notre culture judéo-chrétienne a fait de la Madone portant l'Enfant divin, à la fois vierge et mère, le modèle de l'amour maternel, dans l'abnégation sexuelle et parentale que l'on sait.

Un instinct spécifiquement maternel a même été inventé : comme si la mère était dotée d'un atout psychologique que les autres n'auraient pas et qui lui permettrait de réagir pour le bien de l'enfant d'une façon quasi automatique. Elle serait en cela plus animale qu'humaine[1].

Mais considérons la négligence, la violence, le sadisme, jusqu'à l'inceste et l'infanticide, pour révéler l'envers du décor maternel, cette promesse non tenue d'un amour inconditionnel.

Tout est dans les nuances : nous réaffirmons la place d'un négatif structurant et nécessaire dans toute relation d'amour. Il n'y aurait pas d'un côté *l'enfant roi,* et de l'autre, le pauvre enfant *victime* de désamour dans une éducation rigide ou aux prises avec une machiavélique *Folcoche*[2].

1. S. Blaffer Hrdy, *Les Instincts maternels*, trad. F. Bouillot, Paris, Payot, 2004.
2. Folcoche est la mère rigide et violente dans *Vipère au poing*, H. Bazin, Paris, Le Livre de poche, 1972.

Les traces antiques dans l'inconscient humain

Pour décrire les effets psychoaffectifs d'un événement psychique, quel qu'il soit, le support d'une théorie est nécessaire : elle organise le cheminement intellectuel. La pensée de Jung balisera notre repérage des dynamiques inconscientes à l'œuvre, et en particulier sa notion de complexe maternel négatif[1] dérivant de la théorie des archétypes.

Comme tout humain, les blessés de mère se confrontent inconsciemment à l'énergie de l'archétype de la Grande Mère : « Jung en fait un symbole du maternel primordial et du retour aux origines, un symbole du matriciel d'où émerge toute chose et qui, à la fois engendre et nourrit le processus de vie[2]. »

On connaît déjà la puissance de la figure maternelle à partir des mythes, des contes, pour la retrouver dans nos rêves avec sa double composante « *de bonté et de maléfice, de fécondité et de destructivité, de séparation et d'inceste*[3] ».

L'archétype apportera l'outil d'analyse nécessaire pour différencier les bons et les mauvais aspects énergétiques de la figure maternelle.

On verra que lorsque la tension des opposés entre les deux polarités de l'archétype n'est pas dynamisée, des défenses protectrices se mettent en place. La relation à la mère personnelle n'activant en

---

1. Le complexe est ce « *fragment psychique à forte charge affective, jouissant d'une certaine autonomie et d'une puissante cohérence interne. […] Il exprime ce qu'il y a d'inaccompli dans l'individu* ». A. Agnel, entrée *Complexe* dans *Le Vocabulaire de Carl Gustav Jung*, Paris, Ellipses, 2005.
2. V. Thibaudier, *100 % Jung*, Paris, Eyrolles, 2011, p. 24.
3. A. Agnel *et al.*, entrée *Grande Mère, Dictionnaire Jung*, Paris, Ellipses, 2008, p. 72.

effet qu'un seul aspect de l'archétype, le développement de l'enfant est empêché : il est pris soit dans une relation d'exclusivité fusionnelle – tout bon –, soit dans une atmosphère affective mortifère, par l'absence, le sadisme ou encore la folie – tout mauvais.

En témoigne ce cauchemar d'un jeune garçon de neuf ans : « Il y avait ma mère, mais elle avait un masque de reine et une robe de fée : je croyais que c'était un déguisement, pour rigoler… Je lui ai arraché le masque facilement, mais en dessous, c'était une tête de monstre, un truc horrible avec des yeux rouges comme dans la science-fiction… J'ai eu trop peur, je me suis réveillé et j'ai appelé Maman ! »

Au contraire de Freud, Jung n'a pas établi de stades théoriques du développement psychique de l'enfant. Ses travaux s'appuient sur la croissance psychique qui conduit l'homme à se réaliser. Se fondant sur l'idée d'un inconscient collectif, à l'intérieur duquel il différencie un inconscient familial, Jung observe l'homme se confrontant aux thèmes psychologiques communs à toute psyché humaine. Ce sont les grands archétypes : la mère, l'enfant, l'âme, le masculin, le féminin, l'ombre, etc.

Les travaux contemporains de nos collègues freudiens ou kleiniens sont aujourd'hui d'une grande utilité quand ils explorent l'aube de la vie psychique, ils rejoignent les intuitions fulgurantes d'un Jung du début du siècle dernier.

Une problématique universelle

Pour éclairer les liens dynamiques qui s'établissent entre la dimension négative du maternel et les enfants/adultes qui en ont souffert, nous témoignerons de notre expérience de psychanalyste. Dans le domaine de l'interprétation de l'expérience humaine aucune loi dogmatique, aucune réaction de cause à effet n'est généralisable. Les descriptions cliniques et les exemples qui seront donnés ici[1], le sont à titre d'illustration, pour élargir la pensée et nous faire reconsidérer des images, des souvenirs, des sensations connues de nous, sur des modes différents et singuliers pour chacun.

1. Pour respecter la confidentialité de la parole qui m'a été adressée dans le secret de mon cabinet de psychanalyste, les histoires de vie livrées ici ont été recomposées. Elles restent proches de l'expérience clinique, mais veulent respecter la vie privée de chacun.

Première partie

À la recherche d'une identité...

Le monde d'aujourd'hui impose à chacun de s'affirmer, de savoir exactement ce qu'il veut et ne veut pas dans le foisonnement des propositions qui nous sont offertes. Mais le clan, le village, la famille ne sont plus là pour nous assigner une image identitaire qui serait un signe reconnu et compris par tous.

Être nous-mêmes, et surtout, nous reconnaître et nous assumer en tant qu'individu séparé de son groupe d'appartenance et en même temps relié symboliquement à ses origines est donc un enjeu de taille qui mobilise des dimensions psychologiques inconscientes.

Notre identité nous limite – nous ne sommes pas tout, et nous ne sommes pas un autre –, mais elle nous offre aussi un potentiel de singularité qui nous donne une place spécifique dans la multiplicité humaine : nous ne sommes pas rien.

Beaucoup d'entre nous sont intimement habités par l'évidence d'un « être soi » qui entre en cohérence avec ce que les autres, l'environnement, leur renvoient : un sentiment unitaire d'identité les anime. D'autres se sentent divisés, partagés : un sentiment d'incomplétude, celui d'une identité inaboutie, les mine plus ou moins discrètement.

Quand nous rencontrons ces derniers, rien dans leurs réactions de timidité, de réserve, ou au contraire d'affirmation tapageuse, ne pourrait laisser imaginer la fragilité psychique de leur identité. Nous pensons plutôt en termes de « personnalité » ou de « caractère ». Comme si ces traits de caractère étaient déterminés et fixés pour la vie.

Accepter de penser les aspects fragiles de ces personnalités en termes psychologiques permet d'envisager leur possible évolution par la relance d'un processus de croissance psychique qui a été empêché, voire interdit.

Chapitre 1

Une identité fragile

« Je suis un chien qui fait semblant d'avoir un pedigree[1]. »

Le sentiment légitime d'être soi est une construction délicate et subtile qui s'organise dans les premiers moments de vie. La conscience des freins qui bloquent l'affirmation de soi éclaire *a contrario* le sentiment de quiétude diffuse qui permet de se sentir à sa place dans la vie. Quand on est suffisamment « bien dans sa peau », le sentiment d'être soi-même n'est même pas interrogé !

C'est pourquoi, pour identifier chez l'adulte les traces d'une identité fragile, il nous faudra remonter aux prémices de la vie psychique. Les soins maternels seront les vecteurs privilégiés de ces moments de structuration de l'identité.

1. P. Modiano, *Un pedigree*, Paris, Gallimard, coll. « Folio », 1983, p. 11.

Fragilité du sentiment d'être soi

Chez l'adulte, les troubles qui résultent de l'expérience intime d'une identité précaire peuvent s'exprimer dans des registres très divers, mais sont marqués par une constante : le doute existentiel. Il est à l'origine de la fragilité du sentiment d'être soi. Et quand le sujet est obligé d'évaluer ses réussites, il est dominé par le sentiment d'imposture : le hasard, la chance, les autres sont les auteurs de ses succès, mais certainement pas lui !

Antoine et le doute existentiel

J'ai l'impression de n'être jamais à ma place, au travail j'ai peur que l'on s'aperçoive que je ne suis pas celui que l'on croit.

Dans ma famille, je ne me sens pas sur la même longueur d'ondes que mes frères et sœurs. Ils ont l'air à l'aise, et moi je me demande toujours si c'est bien ça qu'il fallait dire, ou si c'est comme ça qu'il fallait que je me comporte.

Le résultat est que je suis toujours en retrait, je ne participe à rien, c'est mon côté... zombie. En fait, à y bien réfléchir, j'ai toujours peur... De quoi ? Mystère !

Comment cet homme de quarante ans pourrait-il exprimer plus clairement le sentiment de doute existentiel qui l'habite ? Antoine décrit ici cette impression d'illégitimité qui fait de lui un sans papiers existentiel. Malgré ses apparences d'aisance, il ressent une tension intérieure constante, liée à l'injonction de ne jamais laisser paraître ce qu'il nomme *sa vraie personnalité*. Il croit dur comme fer que le vide se ferait autour de lui et que l'on découvrirait l'imposture !

Il a toujours fait l'expérience d'être différent des autres, sans d'ailleurs comprendre pourquoi.

Un dialogue intérieur qui tourne en rond

Antoine dit également qu'une voix intérieure l'oblige à repenser ses paroles : il l'appelle *ma rumination*, alors que les autres lui semblent doués d'une spontanéité qu'il ne connaît pas.

> Antoine a eu plusieurs histoires d'amour avec des femmes. Mais elles n'ont pas duré, il dit avoir eu peur de s'engager, de ne pas *être à la hauteur*, et affectivement et sexuellement...

D'où viennent ces sentiments de doute ? Comment s'installent-ils ? Quelle est la fonction de cette présence en lui qui lui semble *a priori* étrangère ? Peut-il l'utiliser à des fins constructives ?

Narcisse : le double existentiel partagé

Antoine souffre de *fragilité narcissique*. La psychanalyse freudienne attribue une valeur renouvelée à ce mythe. Narcisse, jeune homme de la mythologie, se mire dans l'eau et se trouve beau : il tombe amoureux de son image et, en se penchant, meurt noyé.

À la place de l'eau, Freud met le regard[1] de la mère plongé dans celui de son enfant, qui lui fait partager l'émerveillement qu'elle éprouve. C'est le concept de *narcissisme primaire*. Cette expérience

1. Sur la question de la persistance du regard qui a manqué chez un adulte, voir « Premiers Pas du chemin. L'espace du regard », in A. Ciccone *et al.*, *La Part bébé du soi*, Paris, Dunod, 2012, p. 174.

a une fonction de ressource psychique inconditionnelle, assurant l'enfant d'un sentiment de valeur et de légitimité.

Jung, quant à lui, n'a pas conçu de théorie du développement du bébé sur le même modèle que Freud, mais en donnant une forme complexe à la figure universelle de la mère – l'archétype de la Grande Mère –, il lui attribue la double composante de mère merveilleuse comme de mère terrible. La psyché inconsciente de l'enfant aura à se confronter dès l'origine à ces deux dimensions pour entrer progressivement dans l'expérience psychoaffective d'une mère personnelle. Les projections archaïques de merveilleux comme de mauvaiseté se transforment. Le rapport conscient et inconscient à la mère personnelle se « névrotise » de façon banale : conflits de pouvoir, de fidélité, d'affirmation, d'autonomie… Bref rien d'extraordinaire !

Selon quels modèles nous construisons-nous ?

« Dans le vocabulaire courant, le mot "archétype" a pris le sens de "type primitif ou idéal ; original qui sert de modèle". Pour Jung, l'archétype est un outil théorique extrêmement fécond, qu'il utilise tout au long de son œuvre ; il y voit les "formes instinctives de représentation mentale" qui entrent en fonction chaque fois que, pour des raisons intérieures ou extérieures, la conscience ne dispose d'aucun concept pour exprimer ce qui cherche à émerger. Les représentations archétypiques sont des formes symboliques universelles : le héros, l'Enfant divin, l'éternel féminin, etc. On les retrouve partout et en tout temps dans les mythes, les contes, les productions imaginaires […][1]. »

1. V. Thibaudier, Agnel A. *et al.*, *Dictionnaire Jung*, *op. cit.*, entrée *Archétype.*

L'emprise sournoise

La crainte de ne pas être à la hauteur s'insinue comme l'eau dans le sable. La confiance narcissique précoce n'étant pas suffisamment ancrée chez Antoine, des critères concrets viennent se substituer aux manques d'étayage existentiel. Il pense que la capacité d'être bien avec les autres dépend d'un gène donné à la naissance, permettant à chacun de trouver la place qu'il est en droit d'occuper. Il consulte souvent des guides et des sites de savoir-vivre pour pallier son *infirmité* et apprendre les comportements à adopter, en particulier dans la rencontre amoureuse.

> C'est très difficile de savoir ce que les femmes aiment et veulent. Elles ne le disent pas et quand je leur demande, je me fais rembarrer, elles me disent que je devrais me laisser sentir… Je ne comprends pas ce que ce que ça veut dire ; comment faire ?

Ces doutes sont l'expression d'une attente archétypique. Dans la croyance d'Antoine, il existerait une vérité universelle de la vie amoureuse qu'il se doit de capter. On voit là les effets grandioses de la compensation archétypique : face au ressenti de l'insuffisance d'un engagement authentique de la part de la mère personnelle, les représentations psychiques universelles de l'archétype de la Grande Mère offrent une compensation par des images à forte intensité d'idéal. Le mythe d'un amour universel vient donc combler le creux de l'expérience personnelle.

La préoccupation maternelle primaire

Il est banal de reconnaître à la mère un rôle dominant dans la phase précoce de la vie du bébé. Tout en lui prodiguant les soins quotidiens, elle lui adresse des messages dans lesquels le père a bien entendu sa place. Ces messages sont d'autant plus puissants qu'ils émanent en partie de l'inconscient.

Leur contenu fantasmatique est ce que Winnicott appelle « *la préoccupation maternelle primaire*[1] ». Il s'agit d'une adaptation aux besoins du bébé, reflet de la qualité affective de l'espace créé en elle pour accueillir son enfant.

D'emblée, le bébé ressent le partage de vie émotionnelle avec sa mère. Comme dans la construction d'une maison, ces ressentis étayent le montage progressif de l'identité du bébé : il va se reconnaître dans la qualité d'être qui lui est proposée.

Ces échanges sont l'humus d'un don d'identité. Les paroles dites viennent nourrir les ressources symboliques du bébé.

L'importance du bain de langage

Le bain de langage, la gestuelle dans lesquels le bébé est immergé, contribuent à la construction de son « être soi » : l'enfant se reconnaît dans son nom et s'ouvre à son environnement humain. Ces éléments de construction identitaire sont prodigués par les mères, parce que ce sont elles qui s'occupent quotidiennement des bébés.

1. D. Winnicott, *De la pédiatrie à la psychanalyse*, Paris, Payot, 1989.

Prodigués par le père, ou un homme, celui-ci adopterait naturellement ces attitudes qualifiées par la culture de « maternelles ».

Sans fin, la quête d'une voix qui a manqué

Antoine organise ses sentiments pour comprendre autrui : pourquoi éprouve-t-il un besoin crucial d'entendre sa partenaire s'exprimer avec émotion ? S'il ne la perçoit pas, il est renvoyé à un silence qu'il retourne contre lui-même : il n'est pas aimable et revit alors un abandon qui l'éloigne d'elle. Mais au cœur de cette quête d'émotion, se cache ce qu'il redoute plus que tout : que reviennent les échos du silence glacial comme des hurlements incompréhensibles dans lesquels il a grandi ! Il rêve d'un retour à une vie fœtale chaleureuse dans laquelle la fluidité des paroles serait accessible et sécurisante, contrairement au vécu de son expérience d'enfant.

À ce propos, Antoine raconte un rêve parlant : « J'étais en train de me baigner dans un fleuve tropical, peut-être l'Orénoque, l'eau était douce et tiède. Je nageais tranquillement malgré une très légère appréhension. Soudain, à ma grande surprise, je me vois entouré de poissons parleurs. Je les ai tout de suite reconnus, car on m'avait déjà parlé de leur existence. Ce sont des petits poissons qui en nageant rejettent de l'air sous formes de bulles. En éclatant à la surface, elles produisent des paroles humaines que seuls les enfants comprennent. Ces sons sont doux à entendre. J'étais bien car je comprenais tout ! »

Antoine a besoin d'entendre la voix de l'autre : chez lui, il se remplit de voix humaines, parlées, chantées, déclamées ; la radio est sa fidèle compagne. Il lui parle et la tutoie – me dit-il en souriant !

Enfant, au moment de s'endormir, il guettait les bruits de la maison. Il s'étonne de retrouver le sentiment à la fois familier mais terrifiant qu'il éprouvait quand ses parents se disputaient violemment, puis faisaient aussi bruyamment l'amour dans un crescendo de cris et de paroles incompréhensibles.

Lorsqu'il ne les entendait pas, il était encore plus anxieux, imaginant qu'ils l'avaient abandonné, seul avec ses peurs, et ses frères et sœurs. Aujourd'hui le silence lui est insupportable, car il y entend encore résonner le conflit conjugal qui lui a tenu lieu d'enveloppe sonore vivante.

Défaut d'« *accordage* »

Le sentiment d'exister du bébé ne se fonde pas seulement dans les échanges de regards et de gestes, mais aussi dans les sensations précoces qu'il éprouve en entendant la voix de sa mère. Le psychanalyste Didier Anzieu[1] évoque des dispositions psychiques précoces figurées sous forme d'« enveloppes sonores ». Elles participent à l'instauration du sentiment d'être soi : elles enveloppent dans un « *moi-peau*[2] » qui, comme son nom l'indique, différencie le dedans psychique du dehors environnemental.

Trop précocement, le bébé Antoine a été exposé à une matière sonore paradoxale : sa psyché immature n'a pu s'envelopper dans ces amplitudes saturées d'émotion. Aujourd'hui, non seulement il a besoin de bains de langage, mais il éprouve des difficultés à percevoir l'intention implicite de son locuteur. Il demande des paroles précises pour être sûr d'avoir reçu le message aussi fidèlement qu'il a été émis. Il interroge souvent pour vérifier qu'il

1. D. Anzieu *et al.*, *Les Enveloppes psychiques*, Paris, Dunod, 2013.
2. D. Anzieu, *Le Moi-peau*, Paris, Dunod, 1995.

a été bien compris, car il s'attribue forcément le défaut d'« *accordage* », comme dirait Daniel Stern[1], parlant de la subtile adéquation entre la mère et son bébé dans les interactions précoces.

Pour Antoine, l'« *accordage* » n'est jamais assuré. Mais, comme le bébé omnipotent qui saurait faire rire la mère, Antoine, à la quarantaine passée, se vit toujours comme celui qui devrait être capable de provoquer l'entente du cœur (cordiale) dont il a tellement manqué. Pour mettre de l'ordre dans sa vie intérieure et différencier les expériences terrifiantes de celles plus rassurantes, il a manqué quelqu'un.

1. D. Stern, *Le Monde interpersonnel du nourrisson*, Paris, PUF, 2003.

Chapitre 2

Le corps psychique

Quiconque fréquente les bébés ne peut qu'être frappé par leur capacité à exprimer par leur corps ce qu'ils ne sont pas encore en mesure de formuler verbalement : une journée trop chargée en émotion, et le bébé vomit… Une séparation impromptue et mal préparée, et il ne veut plus s'endormir, guettant le moindre mouvement dans la maisonnée.

En grandissant il apprendra à mettre des mots différenciés sur des émotions et des sensations qui à leur tour différencient le physique du psychique. Et pourtant… Combien de maux de ventre, de migraines et de coups de fatigue éprouvés à l'âge adulte, viennent-ils signaler l'émergence d'une tension psychoaffective demandant à être reconnue comme telle ?

Notre histoire personnelle et la culture dans laquelle nous avons grandi, nous ont construit une identité psychosomatique singulière : « Quand je dis à ma mère que je n'ai pas trop le moral en ce moment, elle me dit que je devrai manger plus de viande rouge ! », dit un jeune homme.

Cette mère nous montre que la baisse d'énergie de son enfant, même adulte, l'angoisse quelque peu, comme si elle se sentait remise en cause personnellement ; elle trouve donc un remède archétypique : celui de la bonne mère nourricière !

Mais on peut aussi voir chez cette mère la représentation du corps psychique et physique de son fils réunis en une seule entité. Comme dans les vases communicants, les facteurs d'origine différente, interagissent avec une influence égale : le physique renforcerait le psychique.

Recevoir des enfants comme des adultes permet aux thérapeutes de lancer les passerelles d'une compréhension vivante de problématiques similaires, portées par des patients très différents, en âge comme en développement. Delphine et Marine, chacune à sa façon, nous font approcher le lien entre le corps en manque de portance maternelle et les mécanismes de défense pour tenter d'y survivre. Nous verrons comment s'articule la construction de l'identité avec l'expérience du corps, dont elle n'est jamais dissociée, en suivant les psychothérapies parallèles des deux patientes.

Quand le corps parle...

On dit facilement dans le langage courant que telle maladie est une « somatisation », sous-entendu, réactionnelle à un événement affectif traumatique. On se pose rarement la question de savoir ce que la psyché n'a pas pu intégrer pour que l'affect déborde ainsi dans le corps et trouve des voies d'expression somatiques, telles qu'eczéma, asthme, troubles alimentaires, dermatologiques, etc.

Nous verrons qu'il s'agit souvent d'une douleur qu'il est difficile, voire impossible, d'affronter dans sa réalité de représentation concrète. L'impensable s'inscrit alors sur et dans le corps, et offre par là même une voie d'accès pour prendre soin de l'âme, en l'abordant par sa dimension incarnée : les médecines traditionnelles orientales nous en fournissent un modèle éclairant[1].

Une absolue solitude

Quand Delphine, petite fille de cinq ans, blondinette au visage finement dessiné vient consulter pour la première fois, la thérapeute est frappée par leur manière d'être ensemble, elle et sa mère. Comme à l'accoutumée dans pareille situation, une petite chaise basse est disposée à côté du large fauteuil d'adulte dans lequel peut s'installer l'un des parents. L'autre fauteuil, destiné au père, restant vide en son absence.

Sa mère s'assoit au bord du fauteuil, et Delphine se cale naturellement entre ses jambes, debout, de trois quarts, ne regardant ni vers le visage de sa mère ni dans la direction de la thérapeute, mais du côté du mur. La mère se met spontanément à lui caresser le dos, dans un geste répétitif de haut en bas, en même temps qu'elle parle de sa fille.

Delphine semble ailleurs, perdue dans la contemplation du blanc du mur. Quand la thérapeute essaie d'attirer son attention sur ce que sa mère est en train de dire, ses yeux cillent légèrement, lui faisant comprendre qu'elle a entendu, mais elle reste totalement impassible et paraît inaccessible. La mère parle de sa fille à la troisième personne de l'indéfini : « on » ne dort

1. P. Solié, *Médecines initiatiques*, Paris, Le Martin-Pêcheur/Domaine jungien, 2013.

pas, « on » ne joue pas avec les autres à l'école, « On a peur du noir, « on » répète indéfiniment la même chanson. Quand la thérapeute interroge qui est ce « on », la mère répond en souriant, sans la nommer : « Mais c'est mademoiselle ! »

Delphine, dans son attitude froide et distante signifie à propos de l'accès à son monde intérieur : « On n'entre pas et il n'y a personne. » Elle fait ressentir de manière poignante, qu'elle doit se garder du contact avec l'étrangère qu'est la thérapeute. Pour cette dernière, il s'agit là d'une réplique de l'exil relationnel dans lequel la petite fille a grandi.

L'innommée

Dans les mots de la mère, Delphine est l'innommée[1]. L'étrangeté que représente la fille pour sa mère va jusqu'à ne pas pouvoir prononcer son prénom. Delphine essaie d'exister dans le silence de son nom. Elle se cherche dans l'immensité d'un mur blanc… Quel courage !

Le contact physique entre la mère et la fille, qui a pu tout d'abord être interprété comme une caresse, est apparu bien vite comme un automatisme rassurant, un frottage anonyme auquel elles se sont habituées et que sans doute elles recherchent.

À aucun moment de l'entretien, la mère ne s'est adressée à sa fille, sauf au moment du départ, pour lui faire enfiler son manteau. À aucun moment Delphine n'a cherché la thérapeute du regard, ou

1. S. Beckett, *L'Innommable*, Paris, Les Éditions de Minuit, 1969. Sans que cela ne soit jamais dit, on peut comprendre que Beckett évoque sa mère dans ce texte halluciné.

ne l'a même posé sur les poupées et les animaux mis à sa disposition, pour jouer une histoire à son gré. Chez Delphine, comme chez sa mère, tout est sous contrôle.

Le corps érotique pour se sentir vivante

Quand la psychothérapie de Delphine est installée et que la relation permet un relatif apprivoisement de part et d'autre, Delphine a joué de manière répétitive un jeu de son invention : le jeu des petits chats. Avec quelques animaux pris dans la boîte, elle dispose sur le tapis une maman chat et ses bébés qui vont traverser la route pour rentrer chez eux. Un camion arrive, ne respecte pas un invisible feu de circulation et les écrase tous. Delphine, rouge écarlate, les larmes aux yeux, souffle, renifle, tousse, soupire bruyamment, toute pleine d'émotion.

Cette mise en scène, curieuse de prime abord, recouvre une dimension autoérotique de ce jeu maintes fois répété. Delphine, à plat ventre sur son tapis, coince le coin de sa petite veste de laine entre ses cuisses sur son pubis et en même temps que ses chatons meurent, elle se masturbe activement.

On peut penser que les caresses automatiques de la mère dans le dos de sa fille, et ces masturbations répétées de Delphine sont en lien : comme si la petite fille tentait de recréer l'échange affectif avec sa mère, par ce biais. Mais l'échange est illusion dans ces caresses, et le lien n'est que pseudo-sensoriel : il est vide d'émotion. Ainsi, quand tous les chats de son jeu meurent, l'excitation autoérotique vient créer dans le corps de Delphine une intensité de sensations pour lutter contre le désespoir de la mort.

Le corps boulimique

Dans le même temps, Marine, une jeune femme d'une trentaine d'années, désire entamer une psychothérapie. Elle souffre de boulimie. Elle éprouve de grandes difficultés à assurer son métier de façon stable : ses crises l'épuisent et son patron lui signifie que ses arrêts maladie ne lui permettront pas de la garder dans l'entreprise.

Désagrément, inconfort, angoisse de licenciement occupent le premier entretien. Jamais Marine n'aborde la souffrance qu'elle ressent face à ce qui l'oblige à vider son frigidaire presque chaque soir et à se faire vomir ensuite, ce rituel pouvant occuper toute la nuit.

Marine est une grande jeune femme plutôt svelte, elle s'habille de manière soignée. Elle vit seule, n'a jamais connu d'homme, et dit ne connaître ni la relation amoureuse, ni la relation sexuelle.

Avec difficulté, elle retracera à grands traits son histoire, avec l'aide de sa thérapeute. Marine ne pense pas que son enfance et l'histoire de sa famille entrent en ligne de compte pour éclairer ses besoins boulimiques. Elle pense plutôt qu'elle est gourmande et ne sait pas s'arrêter : la seule solution pour ne pas grossir, c'est de vomir, à moins de se faire poser un dispositif qui réduirait le volume de nourriture que son estomac peut engranger !

Une histoire sans repères sensoriels

De la même manière que la nourriture qui entre dans son corps en ressort sans être digérée, Marine donne l'impression que son monde intérieur n'est pas habité par les mots et les sensations qui tissent habituellement l'espace psychique. Il faut la soutenir à bout de bras pour l'aider à reconstituer des éléments marquants de son histoire : avec un certain humour, elle considère en effet que « rien n'a été ni marquant ni marqué » !

Marine est la fille unique de deux parents, eux-mêmes enfants uniques. Elle n'a pas connu ses grands-parents, les brouilles familiales ayant effacé toutes relations. Elle ne sait pas pourquoi, et ça ne l'intéresse pas de le savoir ! Ses parents étaient tous les deux de grands travailleurs, sa mère avait un salon de coiffure dans une ville de province et son père était commercial dans un grand groupe, peu présent à la maison, toujours sur les routes.

Marine se souvient d'une enfance devant la télévision, des dessins animés, ou, au mieux, jouant dans un coin du magasin de sa mère. Les repas étaient tristes, rien n'était jamais vraiment cuisiné : « On mangeait dans les barquettes en plastique du charcutier traiteur d'en face, en regardant la télé ! »

Marine n'est pas habituée à sentir que l'on s'intéresse à elle et que l'on puisse avoir envie de la comprendre. Peu à peu, elle parvient à formuler des souvenirs douloureux, entrecoupés de longs silences inquiets.

La solitude de fond de l'adolescence

Elle se souvient pourtant de son sentiment de solitude à l'adolescence. Elle n'avait pas de vraie amie au collège, où elle poursuivait une scolarité médiocre et sans intérêt. L'événement marquant qu'elle relève, est d'avoir été fan d'un chanteur qu'elle avait découvert au moment où il s'était tué dans un accident.

Elle connaissait par cœur les paroles de ses chansons qui parlaient d'amour. Elle pensait qu'il aurait pu s'intéresser à elle, c'est-à-dire être amoureux, précisément parce qu'il était mort et donc « chez les anges » : « Sinon, dans mon trou de campagne, on n'aurait jamais pu se rencontrer ! »

Marine pressent ne pouvoir être aimée que d'un fantôme.

Dans cette période d'amour virtuel, le rapport à son corps devient lui aussi de plus en plus désincarné. C'est alors que tout commence à déraper sur le plan alimentaire : elle délaisse les barquettes en plastique de sa mère et va faire elle-même les courses au supermarché. Évidemment, elle achète des desserts en grande quantité, et adore manger toutes sortes de crèmes et de gâteaux. En écoutant son ami chanteur, elle stocke la nourriture, puis la consomme goulûment, seule dans sa chambre.

Sa mère ne voit rien.

Se sentant écœurée d'avoir trop mangé, elle découvre la fonction « utile » des vomissements. Des mois plus tard, et à l'occasion de trachéites à répétition, sa mère prendra enfin la mesure des dégâts causés par les vomissements quotidiens. Le médecin généraliste sermonne Marine, sans plus.

Il y a eu des hauts et des bas, comme elle dit, la séparation loin des parents a allégé la pression des rituels boulimies/vomissements pendant plusieurs années. Pourtant, la pensée permanente de la nourriture ne s'est jamais vraiment éloignée. Elle vient à Paris, commence des études, ne les termine pas et trouve un emploi qui l'intéresse peu. Au moment où Marine fait sa demande de psychothérapie, elle a de nouveau « des grandes crises » comme elle dit.

Aujourd'hui, elle est capable de découvrir que la contrariété ou l'agressivité rencontrées, en particulier, dans son milieu de travail, provoquent chez elle une compulsion incontrôlable à acheter de la nourriture, puis à la manger sans limites et enfin, à se faire vomir.

Elle est particulièrement fière que personne ne se doute du régime alimentaire qu'elle s'inflige. Le processus ne peut être que secret. Il allie des mouvements contradictoires : manger sans satiété, dépasser la nausée et affronter le dégoût du vomissement.

L'écrivain Isabelle Rivoal s'essaie à en décrire ce plaisir que son héroïne sait être faux, car il mélange intimement la vie et la mort. Manger pour se nourrir et aussi se régaler, mais son excès la conduira jusqu'à l'étouffement et pour finir, à la mort :

« J'ai faim encore. Tout le temps. Jamais la sensation de satiété, juste parfois un peu de nausée. La nausée n'est qu'une étape, on la dépasse. Manger calme la nausée. Et petit à petit elle vient de plus en plus tard, de plus en plus rarement. Surtout ne pas s'arrêter à la nausée. Une fois le stade de la faim franchi, phase impérative, il y a autre chose : l'appétit, juste l'appétit, c'est mieux, plus joyeux, moins autoritaire. Garder l'appétit, un appétit sans faim. Sans fin. [...] Sauf en dormant, un corps en action, toujours ; mastication, déglutition, digestion, transformation, expulsion[1]. »

Pour Delphine, c'est une autre expérience du vide qui s'exprime, dont la mère donne un autre éclairage.

1. I. Rivoal, *Grosse*, Paris, Le Dilettante, 2012, p. 87.

Une mère orpheline de mère et de fille

La mère de Delphine est sage-femme. Elle aime son métier mais dit aussi qu'il vaut mieux ne pas s'attacher aux parturientes ni aux bébés qui disparaissent aussi vite de la clinique qu'ils y sont entrés. Elle reconnaît sa difficulté à vivre la séparation. Le père de Delphine est très occupé par son métier et peu présent à la maison.

Peu de temps avant la naissance de Delphine, qui est l'aînée, sa mère a accompagné sa propre mère aux prises avec une longue et lourde dépression qui s'est terminée par un suicide. Hantée par la culpabilité de n'avoir pas sauvé sa mère, cette femme a désiré plus que tout mettre au monde un garçon : « Pour passer à autre chose. La déception a été immense », dit-elle en pleurant, quittant pour la première fois cette froideur objective qu'elle sait si bien imposer à ses émotions. « Je n'en suis pas encore remise », façon pudique d'avouer que cette petite fille, arrivée dans une atmosphère de deuil et de culpabilité, évolue toujours dans un environnement mortifère.

La mère se remémore la présence sans affects dans laquelle elle a assuré les soins donnés à sa fille ainsi que le peu de relations qu'elle lui a proposé. À partir de la naissance du second enfant, un fils, elle a pu reconnaître qu'elle s'est sentie revivre en tant que mère.

Delphine est enfermée dans un monde clos, dans lequel il n'y a personne. Comme le dit précisément sa mère, pas d'amies, pas de liens, mais cette petite chanson exaspérante qu'elle chantonne sans cesse.

Quand la thérapeute la questionne sur les paroles, elle identifie « Pirouette, cacahuète, il était un petit homme » qui raconte l'histoire d'un homme dont la maison est en papier. Le facteur tombe dans l'escalier et se casse le nez. Il a fallu le réparer.

Dans le monde de la mère, un cercueil douloureux et coupable occupe l'espace psychique : celui de sa propre mère morte, suicidée.

Dans celui de l'enfant, les premières expériences relationnelles d'altérité n'ont pas pu être portées de manière vivante ni par la mère, ni par un substitut. La mère de Delphine était très « fonctionnelle », elle s'occupait très normalement des soins physiques à sa fille, mais le cœur n'y était pas. Delphine a construit des leurres relationnels : ce sont ses automatismes énervants qui sont autant de messages de détresse que personne n'entend.

Delphine se tient en effet à distance de sa mère, la sollicite peu. Tout se passe comme si l'enfant respectait le deuil de sa mère et renonçait à mobiliser sa fonction maternelle. Sa petite chanson dit pourtant que même si tout est fragile et instable, on peut cependant réparer : ce sera le lieu de la psychothérapie de l'enfant.

Le vide érotisé

Ces deux moments de thérapie de Delphine et de Marine décrivent les traces dans la vie psychique d'une expérience de manque maternel nourricier. Pour Marine, le langage du corps cherche à la remplir d'une nourriture toxique qu'elle contrôle dans ses vomissements. Tandis que pour Delphine, la recherche de sensations autoérotiques vient compenser la pauvreté de sa vie relationnelle.

Delphine pourrait nous donner accès aux espaces psychiques restés vides que connaît Marine. Pour lutter contre le manque de stimulations et d'émotions, Delphine a découvert la masturbation. Pour exprimer ce manque, elle fait comprendre à sa thérapeute qu'elle connaît une expérience intérieure de mort et qu'elle lutte pour se sentir en vie grâce aux excitations autoérotiques.

De son côté, Marine se sent en grande difficulté pour essayer de se relier un tant soit peu au monde intérieur de son enfance : elle a peu de souvenirs. Elle a construit l'idée qu'il fallait être un garçon pour intéresser sa mère.

Face à l'intensité sensorielle provoquée dans ses jeux par Delphine, le discours de Marine ressemble à un encéphalogramme plat : elle ne sait pas, ne se souvient de rien, et se demande même « si la thérapie ne serait pas un truc pour les gens intelligents », ce qu'elle ne se considère pas être.

Un beau jour, Delphine arrive à sa séance avec le désir de dessiner. Une maison un peu haute, un peu raide, un peu noire, sans arbres ni jardin autour, apparaît sur la feuille. Le seul élément vivant est une belle fumée noire et raide qui sort de la cheminée !

Sa thérapeute ne peut réprimer un commentaire enthousiaste : « Ça alors ! Il y a quelqu'un dedans ! »

Et Delphine de raconter l'histoire d'un petit ours que sa famille a oublié en partant, mais que Boucle d'Or, elle aussi perdue, va rencontrer. À deux ils vont faire du feu dans la cheminée pour se faire à manger. Et ayant raconté son histoire, elle retourne la feuille et dessine au verso le petit ours et Boucle d'Or, pour souligner qu'ils habitent bien dedans.

À partir de ce jour, Delphine s'anime, les petits chats n'ont plus besoin de mourir pour qu'elle puisse se sentir exister. Elle entre dans le récit mythologique de l'enfant perdu et peut commencer à symboliser les émergences de son monde interne sans les passer à l'acte dans une masturbation liée à la crainte de la mort.

Contrairement à son habitude, quand Delphine part, sa thérapeute laisse son dessin sur la table de son cabinet, prêt à être rangé dans son dossier avec ses notes, loin du regard des autres patients.

En fin de journée, après son travail, Marine arrive pour sa séance. Elle est comme aimantée par le dessin de Delphine qu'elle aperçoit sur la table. Et soudain, elle se souvient : « Moi aussi, je dessinais des maisons comme ça quand j'étais petite, j'adorais dessiner, jusqu'au jour où j'ai compris qu'on me faisait dessiner pour que je reste tranquille. Personne ne regardait mes dessins et le soir ma mère jetait ceux que j'avais faits dans la journée. Ils partaient à la poubelle avec les coupes de cheveux des clientes. »

Et Marine, qu'il fallait soutenir, porter à bout de bras psychiques pour qu'elle puisse élaborer une idée, rejoint enfin la petite fille souffrante qu'elle a été.

L'addiction pour penser à ne pas penser

Pour Marine, la surprise est de découvrir qu'elle pense tout le temps à manger, pour ne pas se souvenir que le présent réactive les douleurs du passé. Et quand elle est sollicitée à exprimer comment elle pense à la nourriture, sa thérapeute est à son tour surprise d'entendre décrire une orgie joyeuse, un festin magnifique, sauf que… il n'y a personne avec qui le partager. Marine a des goûts élaborés, elle ne se remplit pas de n'importe quoi : il lui faut du bon, de bonne qualité.

« La conduite addictive serait ainsi là pour se débarrasser le plus rapidement possible des sentiments qui font souffrir, tels que l'angoisse, la colère, la culpabilité, la tristesse […][1]. »

Les retrouvailles avec les souvenirs permettent à Marine d'évoquer l'excitation qu'elle ressent chaque fois qu'elle commence à penser qu'elle va se faire vomir. Elle dit provoquer volontairement quelque chose, puis se sentir complètement dépassée par une vague qui vient du tréfonds d'elle-même et la submerge. Elle ne peut pas l'arrêter, et tout son corps sensuel y participe. Tout comme Delphine lorsqu'elle rejoue inlassablement la scène masturbatoire avec les chatons.

Quel processus à l'œuvre ?

L'observation des enfants dans les services hospitaliers de pédopsychiatrie a permis de mettre au jour une notion clinique que l'on a nommé « marasme » ou « hospitalisme ». Il s'agit d'enfants qui n'ont plus de tonus pour exprimer leur souffrance et tombent dans une passivité empreinte d'une tristesse insondable, dont il est difficile de les extraire et qui peut les conduire à la mort[2].

Pour Delphine, comme on peut le supposer pour Marine, ce que la psychanalyse a nommé « conduites autocalmantes » s'est mis en place pour colmater ce gouffre de vide relationnel et sensoriel, et tenir le spectre du marasme à distance.

1. E. Schmid-Kitsikis, « Du festin cannibalique au plaisir de la pensée », in *Revue française de psychanalyse*, vol. 71, 2007.
2. D. Lyard, *Les Analyses d'enfants : une clinique jungienne*. Paris, Albin Michel, 1988.

Les limites entre elles et les autres s'effacent pour provoquer une expérience de complétude narcissique : plus rien ni personne n'existe dans ces moments « d'orgasme du moi ».

Qu'est-ce qui pousse à rechercher des situations qui mélangent intimement à la fois perdition et excitation, interroge le psychanalyste psychosomaticien Gérard Szwec ?

« De ne pas avoir intériorisé la représentation d'avoir été secouru par une mère suffisamment inquiète et capable d'atténuer l'angoisse de son enfant, le laissant marqué à vie par une détresse sans solution. Et ce nourrisson désemparé qu'il a été est toujours là, dans le corps de l'adulte, avec l'horreur qu'il a vécue, intacte, une horreur répétée et écartée en même temps, dans un cercle sans fin[1]. »

1. G. Szwec, « Adultes naufragés, nourrissons en perdition », in *Revue française de psychanalyse, L'enfant dans l'adulte*, 1994, n° 3, p. 760.

Chapitre 3

Transmission et héritage…

La passion pour les dinosaures, le besoin de visiter les pyramides d'Égypte, de faire de la généalogie ou de ne manquer aucun vide-greniers de la région, bref, tout ce qui fait lien avec le passé, c'est-à-dire avec nos origines, mobilise chez chacun une tension vivante. Connaître ceux dont nous sommes issus permettrait-il d'éclairer l'énigme de notre « Qui suis-je ? ».

En tant qu'humains pensants, nous sommes porteurs d'une double injonction : d'une part, il faut être soi dans une personnalité affirmée et, d'autre part, nous avons besoin de nous sentir partie prenante d'une lignée qui nous permette de prendre notre place en tant que maillon dans l'immense chaîne humaine.

Nous ne choisissons pas notre lignée. Elle s'impose à nous avec ses forces et ses faiblesses : son courage, ses talents, ses valeurs, mais aussi parfois, sa lâcheté, sa perversité et même sa monstruosité composent la toile de fond sur laquelle nous allons inscrire notre trajet de vie. À chacun d'en faire une histoire singulière…

Naître dans un récit vivant

« Je fouille dans ma vie comme dans une malle vide, sans rien y trouver : je suis désert[1] ».

Paul Ricœur[2] écrit que l'identité d'un individu repose sur le récit qui est fait de sa vie. Sous ces mots d'apparence simple, le philosophe réfléchit à la part essentielle de portage symbolique assurée par les paroles des deux parents, dites chacun selon sa personnalité. Dans le psychisme de l'enfant, cette transmission d'une histoire singulière renforce l'armature de son sentiment d'exister en mettant des mots sur ses ressentis. « Nous t'avons fabriquée dans un lit à une personne », dit, en souriant, cette mère à sa fille… « J'ai cru mourir de douleur quand j'ai accouché de toi », dit cette autre mère à son fils. « On t'a choisi un prénom qui nous plaisait à tous les deux », peut-on entendre, ou encore : « J'étais très déçue, je ne t'ai pas reconnu ! »

Parfois même avant sa naissance, son existence est déjà chargée d'une appréciation qui colore le sentiment d'exister du bébé ; elle laissera sa trace dans la psyché adulte. En effet, comment un enfant pourrait-il ne pas enregistrer le récit qui est fait de sa venue au monde comme étant son mythe d'origine ?

Les grossesses non désirées, difficiles, les accouchements douloureux, la disparition du père, le *baby blues* envahissant, sont autant de défis psychoaffectifs qui marqueront la relation entre la mère et son

1. F. Beigbeder, *Un roman français*, Paris, Le Livre de poche, 2010, p. 21.
2. Cité par J. C. Ameisen, *Sur les épaules de Darwin. Les battements du temps*, Éditions Les liens qui libèrent – France Inter, 2012.

bébé : il sera parfois bien difficile pour elle de ne pas lui faire inconsciemment porter la responsabilité des conditions douloureuses de sa venue au monde.

Dans *Journal d'un corps*, Daniel Pennac raconte alors qu'il a 16 ans, 6 mois, 15 jours :

« *Maman me disait souvent : Tu m'as fait un abcès au sein. Elle parlait de l'époque où elle me nourrissait elle-même. Ce fut une période très brève de sa vie mais elle m'en parlait comme si, des années plus tard, elle en subissait encore les conséquences. [...] J'ai cherché à me représenter un abcès au sein. Quoique n'y parvenant pas – imaginer un téton purulent était au-dessus de mes forces – j'en ai éprouvé une sincère désolation. Je n'étais pas triste pour maman, mais pour les seins des femmes en général*[1]. »

Ne pas être la nourrice idéale n'est pas accepté par cette mère ; elle attribue injustement au bébé une infection dont il n'est pas responsable. Le fait que l'enfant n'y comprenne rien l'incitera à construire une explication pour donner du sens à ce qui ne lui a pas été expliqué[2] : « Être un bébé fait mal à la mère », par exemple !

Dans « Conflits de l'âme enfantine[3] », Jung montre que, face aux grandes questions existentielles, l'esprit de l'enfant construit des théories pour répondre à sa curiosité naturelle. Le besoin de savoir, en particulier, d'où il vient, est au cœur de la question de chaque enfant à propos de sa propre existence.

1. D. Pennac, *Journal d'un corps*, Paris, Gallimard, 2012, p. 83.
2. Expliquer : étymologiquement, « sortir des plis » !
3. « Conflits de l'âme enfantine », in C. G. Jung, *Psychologie et Éducation*, Paris, Buchet Chastel, 1977.

À ce besoin de savoir répond la tyrannie de la transparence de notre société. L'enfant a besoin d'un savoir pour élaborer un récit mythique de son origine. Il ne s'agit pourtant pas de lui communiquer un dossier détaillé de la vie sexuelle de ses parents[1].

Porté dans des bras de silence

« Un jour, ma mère et moi étions fâchés. Il s'était passé quelque chose de grave et elle avait refusé qu'on en parle. [...] Je doutais de son amour tandis qu'elle portait sa tasse à ses lèvres en répétant il ne faut plus y penser mon petit, il y aura des jours meilleurs, je te promets mon petit, mon tout-petit. [...] De l'enfance, je gardais le sentiment d'avoir tout bien fait et d'être coupable malgré tout[2]. »

Des enfants peuvent naître amputés de leur origine. Contraints de se représenter leur existence comme un non-événement, ou encore comme une erreur de programmation : ils ne peuvent interpréter l'absence de récit de leur origine que comme le témoignage d'une existence indésirable. Comment s'identifier à un oubli de pilule, à une rupture de préservatif ? Ou encore, avoir été tellement désiré, que l'on a compris à mi-mots que ce sont des cristaux congelés qui vous ont fait naître ?

Mais le silence peut aussi cacher un grave traumatisme. Il protège d'une histoire parfois impossible à assumer, à condition d'accepter de se replacer dans le contexte socioculturel de sa survenue. Ce

1. B. Allain Dupré, « Né et non né. Réflexions sur la fratrie empêchée », in *Cahiers jungiens de psychanalyse*, n° 101, 2001/2.
2. E. Desplanques, *Là-bas si j'y suis*, Paris, Éditions de l'Olivier, 2013, p. 41

silence protège des parents qui se sont sentis coupables. Ce que découvre cet homme au cours de son analyse :

> Quand j'étais enfant, je voulais être explorateur, ou bien chercheur d'or. À l'âge adulte, j'ai compris que mon or, c'était de découvrir enfin l'histoire de mes origines. Je suis l'enfant d'un amour précipité, né hors mariage dans une famille bourgeoise ayant une image à forte valeur ajoutée ! À l'époque c'était la honte, aujourd'hui je serais un merveilleux enfant de l'amour !

Mais il existe aussi des enfants nés d'inceste et de viol, traumatismes tellement destructeurs pour la mère, qu'ils deviennent psychologiquement impossibles à rendre présentables pour l'enfant : et l'on peut le comprendre.

On connaît aussi des situations que le contexte historique et culturel a rendues traumatisantes, donnant lieu à tant de non-dits :

« Ce jour-là, pendant la récréation, le ciel m'est tombé sur la tête, quand ma meilleure amie m'a dit que mon véritable père était un Allemand, et non pas celui que depuis toujours j'appelais Papa. Pourtant, en rentrant à la maison j'ai demandé à mes parents en pleurant si c'était vrai : "T'occupe pas de ça", m'ont-ils répliqué.

Pour moi ce n'était pas une réponse, mais je n'ai pas insisté. […] Malgré cela, j'ai fait semblant de croire mes parents[1]*. »*

1. Amicale nationale des enfants de la guerre, ANEG, « Témoignage de Monique Badens », in *Des fleurs sur les cailloux*, Limerzel, Éditions Laurent Guillet, 2010, p. 63.

Un récit mensonger

Comment se construit le sentiment d'identité d'un enfant qui fait semblant de croire ce qu'on lui dit ? Qu'en reste-t-il quand il a grandi ? Une façade pour les autres et pour soi-même une certitude assumée en secret. Ce clivage alimente une attitude de défiance qui contamine l'ensemble de la vie relationnelle. Ou encore, enkysté dans l'inconscient, il crée un doute qui empêche d'affirmer sa propre légitimité. Le sujet est pris dans les trous noirs d'une identité en crise.

Lorsque les enfants n'ont pas trouvé de parents, de mère en particulier, avec qui parler « vrai » dans l'enfance, devenus adultes, ils se retrouvent face à un gouffre.

Comment entamer le dialogue sur des sujets aussi sensibles ? L'enfant d'abord, puis l'adulte ont bien compris que le silence cache une souffrance, voire une honte, dont on a cherché à se protéger. Alors il ne demande rien.

Mais le silence a aussi construit un rempart contre l'émotion partagée. Il fissure le pacte sur lequel se construit une famille : une histoire partagée, quelle qu'elle soit.

« Mon enfance rime avec silence, absence, indifférence. Depuis, je ne suis qu'un flot d'émotions incapables de déborder[1]. »

Le silence qui a imprégné l'enfance installe l'adulte dans une situation paradoxale : désormais c'est lui, l'enfant devenu grand, qui par

1. F. Beigbeder, *op. cit.*, p. 198.

son silence, protège sa mère – pas de questions liées à une souffrance pourtant connue mais dont les raisons resteront à tout jamais mystérieuses. Le silence fabrique du silence. Mais que dirons-nous à nos propres enfants ?

Vivre par procuration

Quand ces échanges n'ont pas pu avoir lieu dans une réelle authenticité émotionnelle, parce que la mère est habitée par une anxiété qui l'empêche de se donner sincèrement (maladie, chagrin, culpabilité, etc.), la personnalité de l'enfant garde la trace de ce manque de réverbération relationnelle chaleureuse.

Souffrir du manque est dommageable, mais aussi de trop-plein car, grâce aux travaux sur la relation précoce, on sait en effet que cet émerveillement partagé a un temps : celui des trois ou quatre premiers mois de vie du nourrisson. Si la mère maintient inconsciemment cette dimension fusionnelle en débordant au-delà des besoins du bébé, elle le met dans le rôle indu d'avoir à la combler. On ne parlera plus de partage, mais du vécu vampirique que le bébé aura à subir. Privé de la liberté d'orienter ses intérêts vers la découverte du monde qui lui est offert, il deviendra l'esclave des besoins de réassurance de sa mère.

Le sens de sa vie, comme l'écrit Romain Gary, est de soigner indéfiniment la blessure de sa mère :

« [...] Je me savais promis à des sommets vertigineux, d'où j'allais faire pleuvoir sur ma mère mes lauriers, en guise de réparation. Car j'ai toujours su que je n'avais pas d'autre mission ; que je n'existais, en quelque sorte,

que par procuration ; que la force mystérieuse mais juste qui préside au destin des hommes m'avait jeté dans le plateau de la balance pour rétablir l'équilibre d'une vie de sacrifice et d'abnégation[1]. »

Différence et transmission

Les enjeux de la construction de la personnalité de la fille dans le rapport à sa mère, – conscients comme inconscients – sont différents de ceux qui lient un fils à sa mère. En effet, la fille est exposée à un modèle d'identification dont elle aura à la fois à se défaire, pour se trouver elle-même, et auquel elle restera attachée, en le dépassant, afin de s'inscrire dans la lignée symbolique féminine.

Attachement et détachement conjoints seraient l'enjeu paradoxal du lien entre mère et fille. Ce paradoxe est facteur de conflits de différenciation comme de dépendance infantile, comme nous le voyons chez Delphine.

Certaines filles, prises dans un conflit de fidélité entre leur propre avenir et les traces de leur passé, peuvent même sacrifier inconsciemment leur devenir, pour entretenir l'éternelle jeunesse de leur mère. Le psychanalyste jungien Pierre Willequet évoque le projet d'immortalité dont peut être inconsciemment investie la fille pour perpétuer la fonction maternelle de sa mère :

« On comprend en quoi le destin d'une fille est indéniablement plus perméable aux attentes de la mère [de se perpétuer en son enfant] que ne l'est celui d'un fils. En effet, le projet d'immortalité, de reproduction du même, fait écho et anime des élans générateurs dont elle est elle-même porteuse :

1. R. Gary, *La Promesse de l'aube*, Paris, Gallimard, coll. « Folio », 1980, p. 47.

en son corps, en son ventre, en sa chair. Naître fille, c'est porter le poids d'un indicible pouvoir, d'une inimaginable aptitude : fabriquer de l'immortel, encore et encore... Ce qui n'est pas rien[1]. »

Dans le lien entre mère et fille, on comprend l'importance de la place spécifique du père. Si la psychanalyse freudienne lui a donné essentiellement un rôle de séparateur entre la mère et l'enfant, Jung, qui a eu à souffrir de voir son père mésestimé par sa mère, en a construit une compréhension différente :

« [...] Ce n'est pas le père qui sépare le fils de la mère, mais le fils qui dans sa lutte contre l'emprise maternelle, crée le père en permettant à la fonction paternelle d'advenir[2] ».

Cette lutte de la fille pour sortir de l'emprise maternelle prend des formes très différentes : rébellion infantile, échappée dans l'intellect, effacement du corps sexué, compétition dans la production d'enfants, infécondité d'origine inconnue, etc.

Quand cette lutte est soutenue par le regard d'un père qui reconnaît sa fille en tant qu'être sexué et en même temps qu'il l'assure d'un destin exogène à la famille, la fille peut s'éloigner tranquille : son père sait faire couple avec sa mère.

La fragilité déguisée en force

« J'ai été gravement blessée et un pan essentiel de ma personne avait été détruit – c'était ma réalité, les faits de ma vie ; mais l'envers des faits était

1. P. Willequet, *Mères et Filles. Histoire d'une emprise*. Paris, Seuil, 2008, p. 209.
2. V. Thibaudier, in A. Agnel *et al.*, *Dictionnaire Jung*, *op. cit.*, entrée *Père*, p. 129.

ce que je pouvais être, ce que je pouvais ressentir et si j'avais les mots, les images et les histoires pour l'exprimer, alors je n'étais pas perdue[1]. »

« Être ce que je pouvais être », Jeanette Winterson formule très justement sa conscience d'être détentrice d'un projet personnel qu'elle seule peut développer.

Que se passe-t-il quand la construction de la personnalité d'une fille n'a pas pu se vivre au sein d'un couple parental lui offrant un juste espace pour s'identifier à une mère qui est aussi femme ?

Ce manque peut se compenser par des stratégies défensives inconscientes remédiant à la fragilité de l'identité par des débordements d'activité évoquant la fuite en avant.

On connaît de ces femmes faisant preuve d'une énergie débordante, dont on peut, à juste titre, se demander quelle en est la source. À leur sujet, il est difficile de penser qu'elles pourraient avoir des problèmes d'identité, tant leur personnalité paraît être affirmée.

Et pourtant : si l'on considérait ces excès comme le bouclier qui protège une dimension intérieure fragilisée ?

Donner le change

Pour ces femmes, une affirmation de leur vrai soi serait rendue dangereuse par le débordement d'émotions qui n'a pas trouvé de sens partagé dans l'enfance. Elles sont souvent devenues d'une violence rare.

1. J. Winterson, *op. cit.*, p. 57.

La créativité des défenses met en place un style de protection assez efficace : la fragilité est masquée par une exhibition bruyante de force. C'est la technique du leurre. On la connaît chez les animaux. Par exemple, pour intimider ses prédateurs, il existe une araignée capable de fabriquer un leurre à son image, mais en beaucoup plus gros !

Chez l'humain, on peut observer la même affirmation de soi à visée rassurante pour tout le monde, mais aussi et surtout pour le sujet lui-même.

Mais, profondément, l'étayage de valeurs existentielles n'est pas suffisamment assuré : une personnalité *Pseudo* comme dirait Romain Gary sous le pseudonyme d'Émile Ajar, qui avait des problèmes avec sa peau, car disait-il, ce n'était pas la sienne !

Avec son humour désespéré il constatait : « *Je savais que j'étais fictif et j'ai donc pensé que j'étais peut-être doué pour la fiction*[1]. »

Être fictives, n'est pas le problème de ces femmes, tant elles semblent profondément ancrées dans la réalité. En même temps, animées d'un puissant idéal, elles conduisent leur vie et celle des autres, tambour battant. Jusqu'à ce qu'un incident de parcours vienne mettre au jour une lézarde, qui révélera leur réelle fragilité.

Parfois un événement assez bénin suffit pour obliger ces « passionarias » à baisser la garde et à interroger authentiquement ce qui les met inlassablement en mouvement comme d'infatigables marionnettes.

---

1. É. Ajar, *Pseudo*, Paris, Mercure de France, 1976, p. 14. Parmi toutes ses identités fictives, il a même endossé celle d'un python, nommé *Gros Câlin*.

Chapitre 4

Se différencier pour être soi

Aujourd'hui, on reconnaît la nécessité de faire grandir l'enfant dans une atmosphère confiante dans laquelle les comportements des adultes prennent un sens accessible : c'est-à-dire que l'on peut en discuter ensemble. On accepte mieux l'idée que l'on peut avoir de vrais échanges avec eux et non pas seulement leur parler[1]. Avec les mots justes, ceux que l'enfant est capable d'entendre, les adultes acceptent désormais plus volontiers de répondre à l'exigence de cohérence entre leurs paroles et leurs actes.

Évidemment cette nouvelle approche de l'enfance contient le risque d'une indifférenciation croissante entre enfant et adulte. Les enfants expriment leurs désirs, et attendent que les adultes y répondent comme ils le font pour eux-mêmes.

En deux générations, les choses ont bien changé : « Ma mère disparaissait à la clinique, moi, l'aînée je partais en séjour chez ma

1. C. Halmos, *Dis-moi pourquoi. Parler à hauteur d'enfant.* Paris, Fayard, 2012.

grand-mère et quand je revenais, un nouveau bébé occupait la chambre de mes parents ! Et on me demandait innocemment de dire que j'étais contente ! Et quand ma grand-mère est morte, on m'a dit qu'elle était partie au ciel. Comment comprendre le chagrin de Maman ? Comment comprendre que les pluies diluviennes ne ramènent pas ma grand-mère chérie ? »

Une parole juste rassure, car elle limite les constructions imaginaires face à l'inconnu et elle autorise les questions. Pour le petit, cette parole est infaillible. « C'est Papa qui l'a dit », « C'est Maman qui l'a dit » sont des piliers de sécurité existentielle.

Mais il faudra savoir faire évoluer l'enfant depuis cette soumission à caractère magique, vers la reconnaissance confiante de l'autorité et de l'expérience parentale. Il s'agit là d'accepter un état d'enfant – c'est-à-dire étymologiquement – *infans*, « celui qui n'a pas la parole ».

À l'adolescence, ces piliers seront remis en question, pour que se forme et s'affirme une personnalité différenciée.

Naître fille, c'est être comme ma mère

Souvent, les femmes enceintes peuvent exprimer le désir de mettre au monde une fille, car, comme elles disent : « Ça, je connais, j'aurais moins de mal qu'avec un fils, si différent de moi. »

De quoi la fille devra-t-elle se défaire pour construire à son tour son « être soi » ? Qu'est-ce qui appartient à la figure du maternel incarnée par sa mère et qu'est-ce que la fille peut considérer lui appartenant en propre ? Comment ne pas être le double de sa mère, quand on est née fille, et que cette mère vous a généreusement investie en se voyant dupliquée, se rendant quasiment éternelle à travers vous ? Faire le contraire du message reçu ? Mère sage, fille folle ? Plus d'une s'y est brûlé les ailes. Le contraire n'est pas l'autonomie, mais le lien à l'envers.

« Comment faire pour que la constitution de mon identité ne se fige pas dans une position réactive aux injonctions maternelles ? Réaction, qui bien sûr, me laisse soumise à leur logique[1]. »Voilà la question cruciale posée par Pierre Willequet, quand il interroge le « principe maternel » à l'action, dans les relations entre mères et filles. Pour avancer vers une réponse, nous devons revenir sur l'origine de cette indispensable différenciation psychique entre la mère et la fille.

Un émerveillement fusionnel infini

Nous évoquions précédemment l'expérience précoce d'émerveillement réciproque entre la mère et son bébé, et de sa contrepartie d'ambivalence, qui arriment en lui un sentiment de valeur, soutenant sa légitimité existentielle. Mais, il arrive, comme nous le précisions, que la mère ait besoin de se sentir indispensable pour satisfaire un narcissisme fragile, en prodiguant sans mesure, bien au-delà du temps nécessaire, un amour envahissant à sa fille.

Pourtant celle-ci a grandi, et sa mère la traite comme une partie d'elle-même non séparée. Ce que sa fille traduit parfois avec ces mots : « Moi c'est moi ! Toi c'est toi… Merci de ne pas l'oublier… »

1. P. Willequet, *op. cit.*, p. 73.

Combien de filles se plaignent-elles de ce que leur mère ne les voit pas grandir ? Ces mères qui les harcèlent, les chapeautent, les cornaquent, les dominent…

Apprendre la séparation sans se perdre

Le processus de développement autonome de l'enfant sera embolisé, parce que détourné de son vrai but qui est de se séparer pour devenir un individu. La fille est mise en situation d'être le remède dont sa mère a besoin pour se sentir vivante. Le piège est d'autant plus redoutable que, mise à cette place d'élue, la fille pourrait se croire investie d'une valeur existentielle, alors qu'en fait, on lui assigne une place d'objet utilitaire.

Comment la fille pourrait-elle renoncer à la fusion si sa mère ne connaît pas elle-même le chemin de la différenciation ? Pour la fille adulte, face à cette mère copine-sœur, se développe le complexe Comptoir des Cotonniers : on ne saura plus les différencier l'une de l'autre, tant elles sont vêtues pareillement, chacune jouissant de cette confusion. La fille se dote d'une façade identitaire de femme adulte qui peut fantasmatiquement séduire le père, tandis que la mère dénie le passage du temps et s'offre le fantasme d'une éternelle jeunesse.

Scènes de ménage entre mère et fille

Alors mère et fille deviennent l'une pour l'autre objets d'un amour pathologique, allant de ruptures en retrouvailles. Pour la fille, le besoin prospectif de suivre le projet intérieur d'individuation se fait ressentir. Il s'agit de laisser opérer en elle : *« un processus naturel de transformation intérieure, vécu consciemment ou non, par lequel on devient "un individu" psychologique, c'est-à-dire une unité autonome et indivisible, une totalité*[1]. »

Si, inconsciemment, sa mère empêche le processus de se déployer, l'emprise maternelle devient vite insupportable pour la fille. Les tentatives de séparation se présentent alors sous forme de crises conflictuelles répétitives. Elles n'ont aucune qualité maturative. Elles sont entrecoupées de retrouvailles qui raniment la séduction réciproque des premiers moments de la vie pour les deux partenaires. Jusqu'à la prochaine crise, puisque rien n'est réglé et que l'on tourne en rond…

La fille aura à gagner son autonomie et non pas à la réclamer comme un dû ! C'est-à-dire qu'il lui faudra faire ses preuves de jeune adulte qui a désormais une confiance suffisante en elle-même, et n'attend pas de validation venant de sa mère.

L'impossible séparation

Il est malheureusement des situations dans lesquelles la crise ne peut avoir lieu. La fille est sous la coupe d'une soumission inconsciente à la mère et mise à la place d'objet. Ces crises de séparation impossible se produisent aussi quand le fonctionnement affectif du couple parental n'est pas suffisamment vivant. Le père trouvant à l'extérieur les gratifications narcissiques que sa créativité réclame. Avec des investissements périphériques à la vie éteinte de couple qui s'animent dans son travail, il achève d'abandonner ses enfants à leur mère… Tandis que la mère se rabat sur ses enfants pour vivre son besoin d'aimer et d'être aimée. Le risque est grand de « *confusion des*

1. A. Agnel *et al.*, *Dictionnaire Jung*, *op. cit.*, entrée *Individuation*, p. 91.

langues[1] » : elle leur offre sa libido de femme restée en jachère, avec la dimension incestueuse, passée aux actes ou non, que cela comporte :

« Elle vit par procuration ma sexualité, comme une revanche sur la sienne, à la folie, passionnément. Fascinée par ma précocité. Je suis terrifiée par ce que je dois admettre. Je la vois, en flagrant délit, guillerette, attendre mes départs pour aller vite chiper mon journal et choisir mot à mot chaque battement de mon cœur. J'ai du mal à y croire[2]. »

La séparation, la vraie, n'est pas la rupture

Dans d'autres cas, il est possible que se crée un espace entre la mère et la fille. La fille s'en saisit alors, et peut parvenir à remettre sa mère à sa juste place.

Ainsi, Delphine a peu à peu mené sa révolution. Les effets de la thérapie ont d'abord été vécus de manière paradoxale par la mère : la petite fille a pris plus de place dans l'espace familial, elle est devenue « difficile » comme on dit. Elle s'est mise à discuter les ordres de sa mère, la mettant ainsi en demeure de faire plus attention à elle. Delphine a aussi commencé à dire ses goûts, ses dégoûts, et même sa haine pour le petit frère !

La confiance qui s'est installée avec les parents et sa thérapeute a permis de donner un sens positif à cette nouvelle affirmation de Delphine, qui enfin a pu sortir de sa coquille de mutisme subordonné à la tristesse de sa mère. La mère soutenue par le père a enfin pu sentir sa fille vivante dans les relations familiales.

1. S. Ferenczi, *La Confusion des langues*, Paris, Payot, 2004, à propos de l'abus qui consiste à parler à l'enfant le langage amoureux, de la même manière que celui échangé entre adultes.
2. C. Achache, *Fille de*, Paris, Stock, 2011.

Et puis, hasard de la vie d'un enfant, un projet de classe de nature est élaboré dans son école : Delphine y adhère avec enthousiasme. Sa mère est très étonnée par l'attitude de sa fille qu'elle n'imaginait pas capable de se séparer d'elle avec autant de facilité.

C'est l'occasion pour elle de prendre la mesure de la composante de double lien[1] dans laquelle elle tient inconsciemment sa fille prisonnière. Double lien qui d'un côté renvoie une image d'étrangère à son enfant et de l'autre ne peut pas la voir se séparer d'elle.

Delphine est allée à la classe de nature. Elle y a fait des progrès fulgurants de relation avec les autres enfants, *dixit* sa maîtresse. Elle a participé activement et de manière créative à la vie du groupe.

Au cours d'une veillée, des enfants lui ont même inventé une petite chanson : « C'est Delphine ! Ma copine ! » Nous sommes désormais loin de la maison toute cassée de *Pirouette Cacahuète !*

Pour pouvoir comprendre et accepter le désir de Delphine de la quitter, sa mère avait construit l'idée défensive que sa fille serait sans doute mieux si elles étaient loin l'une de l'autre.

Autrement dit, dans le couple mère-fille, l'« *accordage* » dans un même bien-être affectif ne pouvait pas être partagé. La mère se vivait elle-même comme toxique, quand sa fille n'était plus désignée comme enfant symptôme.

1. Attitude qui consiste à mettre l'autre dans une position intenable, exigeant de lui la chose et son contraire. Le double lien a été mis au jour par l'école de Palo Alto, et en particulier par George Bateson dans des travaux étudiant les modalités de la communication.

Au cours du rendez-vous de fin de thérapie, Delphine a pu dire qu'elle était contente d'avoir fini, car, comme elle l'a exprimé très judicieusement et avec grand cœur : « La place est libre, Maman, maintenant c'est à ton tour ! »

La mère a reçu le message avec beaucoup d'émotion, et a accepté d'entreprendre ailleurs une thérapie pour elle-même.

Qu'en est-il pour Marine et ses crises de boulimie incontrôlables ?

Retrouver le plaisir du corps

Par la psychothérapie, Marine met en place un mode plaisant de soin d'elle-même. Elle apprend à se tenir compagnie sans être comme une mère qui offre compulsivement à boire ou à manger à son bébé, chaque fois qu'il manifeste la moindre insatisfaction.

La recherche de soulagement de ses tensions intérieures par les expériences extrêmes qu'elle s'infligeait, sous forme d'orgies et de vomissements, a trouvé de nouveaux exutoires moins toxiques. Marine a commencé à courir au lieu de manger. Il s'est agi d'abord pour elle de brûler ce toujours trop de *trace maternelle nourricière* déposé en elle par le seul fait de manger. À ce propos elle rapporte : « J'ai brûlé la sorcière » pour dire qu'elle avait couru un long jogging. L'addiction n'était pas loin : la sécrétion d'endorphine au cours de ces longs efforts avait sans doute un effet euphorisant. Mais le résultat fut pour Marine la découverte d'une image d'elle dont elle commençait à pouvoir dire, avec certes une grande pudeur, qu'elle en était fière.

Le jogging l'a ensuite amenée à la salsa ! « Pourquoi pas ? » s'est-elle dit, comme si elle s'autorisait enfin à se représenter dans un corps érotique, relié aux autres par un authentique plaisir.

Le bénéfice du travail de psychothérapie de Marine a été d'établir progressivement un rapport différencié à l'expression de ses émotions :

son corps n'en est plus la chambre de résonance exclusive. Elle découvre qu'elle peut être en colère, triste, déprimée, et qu'elle a la capacité de contenir ou d'exprimer ces affects dans le registre même où ils prennent leur origine : c'est-à-dire dans sa vie intérieure. Elle dit en souriant : « Mon frigo me regarde d'un drôle d'air, il se sent abandonné ! » En effet, désormais animée psychiquement, elle a moins besoin de se remplir physiquement de nourritures éphémères.

Devenir un homme, ni plus, ni moins

Nous ne sommes pas prisonniers de notre histoire. Dans l'enfance, elle façonne un cadre à notre croissance physique et psychoaffective. À l'âge adulte, elle sollicite notre capacité éthique qui nous autorise à nous positionner de manière autonome et à faire des choix. Ils sont souvent difficiles et douloureux, spécialement quand il s'agit de se désolidariser d'une histoire familiale mortifère, mais c'est le prix à payer de l'accès à une authentique estime de soi. Se différencier psychiquement d'une histoire familiale mortifère ne signifie pas nécessairement rompre avec sa famille. N'oublions pas que ses membres sont aussi des victimes qui n'ont pas su, pas pu, trouver les énergies psychoaffectives pour se défaire de l'enfermement dans lequel ils étaient maintenus prisonniers.

Une mère sévère qui parle dedans

Antoine, au cours de sa thérapie, découvre qu'une voix s'exprime en lui. Il examine alors toute décision dans un interminable dialogue intérieur qui, malheureusement, augmente ses doutes et rend les choix quasi impossibles : il lui renvoie toujours le même sentiment d'incapacité. Il se sent comme possédé.

Il essaie alors d'imaginer sa thérapeute prenant part à ce dialogue intérieur[1], et de faire vivre en lui une figure qui viendrait débattre avec celle qui parle dans son *complexe maternel négatif*[2].

« La mort de la mère, son absence, comme sa présence trop influente, voire son emprise sur ses enfants, sont parmi les causes du développement d'un complexe, dont le trait principal – conformément à l'arrière-plan mythologique de l'image maternelle – est le fait qu'on est trop fortement sous l'influence de l'inconscient. [...] Être premier, la mère représente l'in-conscient opposé au conscient. C'est pourquoi elle est au centre du conflit qui se développe au cours du processus d'individuation, entre les nécessités d'un devenir conscient et le désir d'être éternellement compris par la mère[3]*. »*

Le transfert sur sa thérapeute anime en lui des énergies qui le soutiennent. Il en retire une nouvelle confiance. Il peut réduire la voilure des idéalisations grandioses qu'il croyait nécessaire de déployer pour être aimé, et qu'il se reprochait évidemment d'être incapable d'atteindre.

Revenir à un mode plus personnel

La fragilité du sentiment d'être soi exige d'autrui une reconnaissance permanente. Antoine éprouve sa légitimité et s'affirme.

Une des épreuves inhérentes à la psychanalyse, est de renoncer au fantasme d'un « déclic » opérant mécaniquement dans la psyché.

---

1. B. Allain Dupré, « Alchemy in the image of the analyst », in *The Journal of Analytical Psychology*, vol. 43, n° 4, 1998.
2. A. Agnel *et al.*, *Dictionnaire Jung*, *op. cit.*, p. 107.
3. C. G. Jung, *Problèmes de l'âme moderne*, Paris, Éditions Buchet Chastel, 1984, p. 201.

Au contraire, pour Antoine, le sens de sa responsabilité éthique[1] vis-à-vis de lui-même a été croissant dans son parcours. Son leitmotiv était devenu : « Je ne peux compter que sur mes propres forces ! »

Et, la colonisation de son monde interne par le complexe maternel négatif s'amenuisant, un nouvel espace de liberté s'est dégagé : il a pu conduire sa vie sur un mode plus personnel.

Jouer pour être soi

Antoine découvre qu'il aime le théâtre, il y apprécie la possibilité d'expérimenter les multiples facettes d'une personnalité et d'un personnage.

Il a envie d'essayer. Il rêve d'endosser le caractère de personnages qui lui plaisent, et secrètement il avoue qu'il aimerait bien être : le séducteur, l'homme puissant, le jeune romantique, le sage d'âge mûr, etc.

Au prix d'un effort assez remarquable, il s'inscrit dans un club amateur. L'expérience est inattendue pour lui : « Je n'aurais jamais imaginé être capable de me lâcher comme ça ; je me sens parfaitement dans mon rôle, qui est de découvrir ma multiplicité. Mais même quand il s'agit de jouer celui que je croyais être moi-même, "un homme raté" je découvre des aspects de moi que je ne connaissais pas. J'en rajoute, je charge mon personnage et mon humour m'étonne ! Je crois que ça aide à s'aimer ! »

Jouer, voilà ce qu'Antoine se permet aujourd'hui d'entreprendre. Jouer pour retrouver la créativité de l'enfance, bridée par la nécessité de s'isoler du chaos dont sa mère ne l'a pas protégé. Jouer et

1. H. McFarland Solomon, « Le soi éthique », in *Cahiers jungiens de psychanalyse*, n° 100, printemps 2001.

prendre un masque, un rôle pour être soi[1], pour laisser se révéler, au-delà de la carapace, la multiplicité et la richesse des registres émotionnels qui s'expriment en lui.

Être soi, une identité toujours en construction

Le slogan des années 1970 « Tout se joue avant trois ans » est depuis longtemps contredit. On le sait, ce qui a manqué ne se représentera jamais ; car l'enfance est révolue. Mais l'identité est une dimension psychique en perpétuel remaniement tout au long de la vie. Quand les choses ne se sont pas « suffisamment bien[2] » passées dans l'enfance, une attente plus ou moins consciente de relancer la maturation de la personnalité se fait souvent sentir, si l'on écoute bien.

À travers différentes situations cliniques, nous avons vu comment chacun, adulte ou enfant, est nanti d'un besoin de se différencier de l'inconscient familial, et en particulier maternel dans lequel la construction de son identité a pu se trouver incarcérée.

Pour que la transformation puisse avoir lieu, il faut qu'une autre polarité soit activée : entre soi et soi, comme victime d'une mère insuffisante, on ne fait que tourner en rond en ruminant sans fin sa détresse.

On peut être frappé de voir combien les personnes blessées de mère, en difficulté d'être elles-mêmes, se soumettent à une répétition qui

1. V. Thibaudier, « Interview de Laura Sheleen », in *Cahiers jungiens de psychanalyse*, n° 58, 1988 : *La Persona*.
2. Pour reprendre la fameuse formule de D. Winnicott de la « *good enough mother* ».

les remet dans les mêmes situations, auxquelles elles répondent de la même manière. Ces personnes ont alors l'impression d'être prisonnières d'un destin immuable…

Jusqu'au jour où une rencontre nouvelle les ouvrira à l'exploration d'un territoire psychique inconnu, alors le jeu infernal de la répétition se lézardera.

Une rencontre nouvelle, ce peut être une pensée différente qui surgit, rencontrée au hasard d'un échange, d'un livre, d'un film qui fait réfléchir : c'est-à-dire que la fonction maternelle de penser nos pensées et nos angoisses de bébé est relancée en nous. Entre nous et nous s'installe la possibilité de nous considérer à la fois comme nous-mêmes mais aussi comme un autre. Sans cette pensée réflexive, on ne peut pas examiner qui nous sommes.

Cette rencontre qui ouvre à la différenciation, peut venir de tout un chacun, ce peut être aussi un thérapeute, mais pas forcément.

« Un des aspects les plus novateurs de l'œuvre théorique de Jung est la place qu'il a su donner à la différenciation, qu'il faut entendre comme une ascèse de séparation et de limitation, passant par un examen critique des présupposés inconscients et un retrait des différentes projections dans lesquelles la subjectivité est d'abord prise[1]. »

1. A. Agnel *et al.*, *Dictionnaire Jung*, *op. cit.*, *introduction*, p. 5.

Faire advenir mon identité

Parfois, ça tourne en rond dans notre tête. Des interrogations se présentent à nous et reviennent sans cesse, sans que nous parvenions à nous en saisir. Que faire alors de cette matière ? Comment pouvons-nous utiliser ces questionnements de façon constructive, pour consolider une identité que nous sentons fragile ? Nous vous proposons ici quelques pistes possibles...

1/ Pour rendre présent mon partenaire intérieur, je repère précisément les thèmes négatifs qui tournent en boucle dans mon dialogue intérieur :

- Je me sens illégitime.
- Je suis souvent saisi par le sentiment d'imposture.
- Les autres sont différents de moi, ils sont à leur place, pas moi.

2/ Je me mets au travail pour analyser avec attention les thèmes négatifs qui me hantent, au lieu d'essayer de les éliminer :

- Qu'est-ce qui dans mon histoire et celle de mes parents est porteur d'illégitimité ?
- J'ai été conçu(e) dans des conditions qui ont fait vivre de la culpabilité à mes parents ? Par rapport à qui ? À quoi ?
- J'ai été élevé(e) dans un contexte d'injustice, visiblement plus ou moins aimé qu'un frère, une sœur ?
- On m'a donné la place d'un enfant mort ?
- Je suis chargé(e) d'un secret qui n'est pas élucidé à la génération précédente ?
- Autre... ?

3/ « Le sentiment d'imposture me fait dire et faire des choses dans lesquelles je ne me reconnais pas. »

- Que dit et que fait au juste cet autre dans lequel je ne me reconnais pas ?
- Qui, de mon entourage familial, pourrait être celui qui agit en moi quand j'éprouve le sentiment d'imposture ?

•••/

\•••

- Suis-je capable de faire la part des choses entre sentiment d'imposture et imposture, c'est-à-dire manipulation intentionnelle d'autrui ?
- Que signifie pour moi d'assumer les paroles et les actes que j'analyse comme relevant de mon sentiment d'imposture ?

4/ « J'ai le sentiment que les autres sont différents de moi, ils sont à leur place, pas moi. »

- Place dans la vie personnelle, familiale, intime ou professionnelle ?
- Selon quels critères je repère que je ne suis pas à ma place ?
- Qui en moi décide où est ma juste place, quel type de personnage intérieur, bienveillant, sévère, à qui ressemble-t-il dans mon histoire d'enfant ?
- Quelle qualité a la place que les autres savent prendre et que je ne saurais pas occuper ?

5/ Je favorise la confrontation avec mon partenaire intérieur, car il dit de moi ce que je n'ose pas assumer consciemment.

- Je pose clairement les termes du conflit de fidélité dans lequel mon histoire m'emprisonne.
- Je compare l'histoire que l'on m'a transmise avec celle que je suis capable de me construire, personnellement.
- J'identifie les forces qui se contredisent et qui agissent en moi.
- Je n'attends pas que mon salut vienne des autres, mais j'accepte d'être le propre auteur/acteur de ma vie.
- J'assume consciemment la reconquête de ma liberté d'être moi, dans ma manière de me rendre présent, à moi-même et aux autres.

Deuxième partie

Les pleins et creux de la vitalité

Aujourd'hui, l'air du temps est à la déprime : la crise économique, celle des valeurs, l'avenir imprévisible et les différentes générations qui ne parlent plus le même langage !

Les exigences sociales mettent une pression telle sur la réussite visible que toute baisse de régime est désormais interprétée comme une maladie. La consommation d'antidépresseurs met la France au plus haut niveau européen !

Dans notre adhésion à l'air du temps, nous n'avons plus le droit d'être tristes : pourtant, un deuil, une rupture sentimentale, un espoir déçu déclenchent des mouvements légitimes de tristesse, avec leur corollaire de repli momentané sur soi.

Cette tristesse est la respiration des émotions. De plus, l'âme a aussi ses saisons : le psychanalyste Pierre Fédida[1] invoque la « dépressivité naturelle » de la psyché.

Que cette « dépressivité naturelle » ou issue d'une tristesse légitime se transforme en maladie dépressive est une hantise communément partagée.

Mais la maladie dépressive existe bel et bien. Le poids qu'une mère malade de dépression fait peser sur ses enfants laisse des traces sur leur vitalité.

L'expression de la dépression maternelle peut être différente d'une situation à l'autre, parfois trompeuse parce que masquée, mais ses effets n'en demeurent pas moins délétères sur les enfants devenus adultes.

1. P. Fédida, *Des Bienfaits de la dépression*, Paris, Odile Jacob, 2009.

Vitalité en sous-régime, fatigue psychique chronique, mais aussi et paradoxalement, énergie débordante, activisme de tous les instants : ces opposés évoquent la même fragilité, à savoir combler l'insupportable silence que fait ressentir le creux de l'espace intérieur.

Les conséquences d'une transmission défaillante de l'énergie de vie sont nombreuses et surtout, elles s'expriment de façon différente d'une histoire à l'autre.

On verra qu'à l'âge adulte l'énergie restée en jachère peut être relancée, permettant à ces blessés de mère de se réapproprier leur dynamique d'évolution.

Chapitre 5

La transmission énergétique

Sommes-nous tous équipés du même appétit de vivre ? D'où nous vient-il ? Héritage transmis – si oui, par qui –, ou composante individuelle ? Comment se développe-t-il ? Peut-on le perdre ? le reconquérir ? Pourquoi est-ce parfois si difficile de passer des projets aux actes ? Et que dire de cette envie de dormir envahissante qui nous saisit quand nous pensons aux choses à faire ? D'où nous vient cette tristesse qui se cache quand nous faisons le pitre ?

Notre monde exige la réussite visible. Le manque de confiance, le bas régime, la petite forme n'ont pas droit de cité. La publicité le dit clairement : il faut être battant ! Alors, comment trouver sa place quand la vitalité n'est pas au rendez-vous quotidien ? Prenez des vitamines, faites du sport, méditez, changez de job ! Toutes les recettes sont bonnes pour effacer la tare honteuse de n'être pas d'attaque !

Considérons aussi que la société nous soumet à une contradiction profonde : l'air du temps est à la déprime et en même temps, il nous demande d'être toujours débordants d'énergie !

Le vocabulaire de l'énergie se confond souvent avec celui de la guerre. Dopé, *boosté*, l'usage des stupéfiants, de l'alcool, mais aussi d'antidépresseurs, est notre cache-misère. Pourquoi ? Pour affronter l'angoisse face au silence qui côtoie dangereusement la peur du vide.

Comment faire la part de ce qui nous est transmis par la famille et la collectivité de ce qui nous appartient en propre ?

Héritage énergétique et identité

> *« C'est sans doute le partage des formes de vitalité qui est la voie d'accès la plus précoce, la plus facile et la plus directe à l'expérience subjective d'autrui[1]. »*

Nous ne naissons pas égaux devant l'équipement énergétique. On le voit dès la naissance : il existe des bébés toniques qui jouissent de la mobilité de leur corps, pour le plus grand plaisir (ou la plus grande inquiétude) de leurs parents…

D'autres sont des bébés calmes. Plus contemplatifs que compétitifs, ils peuvent, eux aussi, inquiéter ou rassurer leurs parents c'est selon !

Il ressort donc, que très précocement, un profil « d'énergie » est attribué au bébé : dans ce domaine, les paroles de la sage-femme[2] ou du médecin accoucheur ont parfois valeur de prophétie ! « Petit gabarit », « beau costaud », « petite crevette », « paresseux », « déjà

1. D. Stern, *Les Formes de vitalité. Psychologie, arts, psychothérapie et développement de l'enfant*. Paris, Odile Jacob, 2010, p. 58.
2. Sage-femme apparaît avec le sens de « femme dont la profession est d'accoucher les femmes » qu'il a conservé. Il est aussi employé (vers 1375) pour « sorcière », par une péjoration qu'a aussi connu « matrone ». A. Rey, *Dictionnaire historique de la langue française*, Le Robert, 1998.

fatigué », « mademoiselle fait sa coquette ! » sont autant de paroles qui qualifient d'entrée de jeu le profil du nourrisson qui vient au monde.

Ces mots agiront comme vérité révélée parce qu'ils sont la voix du pouvoir médical.

Les mêmes mots chuchotés dans la rencontre intime entre la mère et son bébé ont valeur de transmission identitaire dans la continuité d'une histoire dite par les familiers. Le bébé se sent alors reconnu dans sa vitalité énergétique partagée avec sa famille d'appartenance : « Les chiens ne font pas des chats, ce bébé est comme moi, petit mangeur et gros dormeur. »

Ainsi, telle mère ne sera pas inquiétée par le petit appétit de son enfant, car elle s'y reconnaîtra dans une optique identitaire positive. Une manière de dire au bébé : « Tu es des nôtres ! »

Une autre mère sera renvoyée à l'étrangeté de son enfant en qui, non seulement elle ne reconnaîtra pas sa propre vitalité, mais à qui elle aura du mal à ouvrir un droit à la différence : « Je me demande d'où il vient celui-là ! Il tombe dans une famille de gros mangeurs et il a un tout petit appétit. Il va falloir que ça change, mon bonhomme ! »

De l'énergie à la création de soi

Comme le disait avec son sérieux humour le psychanalyste anglais Winnicott, « Il n'y a pas de bébé sans mère ». Pour comprendre les carences dans la transmission d'une énergie de vie, il y a d'abord lieu de décrire le champ énergétique du côté maternel. Ceci permet d'évaluer la qualité symbolique du bain de vie dans lequel le bébé a été immergé : on verra se dessiner alors les formes spécifiques des expériences d'autonomie, de symbolisation, qui façonnent la personnalité.

Le romancier Patrick Modiano pensait que la douleur qu'il avait vécue du fait de l'abandon par sa mère n'avait même pas suffisamment d'énergie pour qu'il puisse la transformer en poème :

« Jamais je n'ai pu me confier à elle ni lui demander une aide quelconque. Parfois, comme un chien sans pedigree et qui n'a été que trop livré à lui-même, j'éprouve la tentation puérile d'écrire noir sur blanc et en détail ce qu'elle m'a fait subir, à cause de sa dureté et de son inconséquence. Je me tais. Et je lui pardonne. Tout cela est désormais si lointain… Je me souviens d'avoir recopié au collège, la phrase de Léon Bloy : "L'homme a des endroits de son pauvre cœur qui n'existent pas encore et où la douleur entre afin qu'ils soient."

Mais là, c'est une douleur pour rien, de celle dont on ne peut même pas faire un poème[1]. »

Pourtant, par son intérêt pour le passé, Patrick Modiano marque le sens qu'il cherche à donner à l'incompréhensible abandon dont il a lui-même fait l'objet dans son enfance.

La fonction miroir et le *baby blues*

Pour évaluer les traces laissées par les carences de vitalité résonnant dans la personnalité adulte, les prémices de la transmission psychique sont de bons indicateurs. Arrêtons-nous sur ce moment particulier,

1. P. Modiano, *op. cit.*, p. 90.

le *baby blues* que vivent avec une intensité plus ou moins grande, à peu près toutes les jeunes accouchées.

De quoi s'agit-il ?

Après l'accouchement, on sait qu'une forte proportion de femmes connaît un épisode de dépression légère, durant quelques jours, rarement au-delà d'une semaine. Il se manifeste par des pleurs, une inquiétude à propos de la capacité à s'occuper du bébé et une hypersensibilité émotionnelle. Son origine est à la fois physiologique, liée à la violente modification hormonale provoquée par l'accouchement, mais aussi psychologique : le deuil de l'enfant rêvé et l'adaptation à l'enfant réel ayant également un puissant impact sur l'équilibre psychique.

Quand le *baby blues* se prolonge et s'intensifie, il peut éventuellement s'agir d'une dépression du *post-partum* : trouble qui est d'autant plus difficile à diagnostiquer que, souvent, les mères n'osent pas faire état de leur fatigue psychique, car l'entourage attend d'elles la manifestation enthousiaste d'épanouissement dans leur nouvelle maternité.

Cette phase de *baby blues* fait irruption dans la vie psychique maternelle quand mère et bébé sont en train de faire connaissance. C'est le moment crucial de *l'attachement*[1].

Pour nombre de mères, cette phase dépressive s'estompe vite et ne prête pas à conséquence. Pour d'autres, un sentiment d'étrangeté plus ou moins conscient s'installe dans l'arrière-plan psychique : l'enfant est vécu comme un hôte peu désirable qui contredit les

1. Voir p. 114 : « Symbiose médiatrice de l'ambivalence ».

rêves élaborés à son endroit. Ainsi, un patient rapporte : « Ma mère m'a dit qu'elle avait mis très longtemps à se remettre de ma naissance. Elle n'avait pas compris que l'insouciance, les sorties et tout le reste, c'était fini. Elle me l'a fait chèrement payer ! Encore aujourd'hui, quand elle me regarde un peu longuement, je sens que je suis celui qui réveille toujours en elle la nostalgie de sa jeunesse perdue… »

Une nouvelle identité

Le *baby blues* invite la mère à une nouvelle perception d'elle-même. Il met à rude épreuve sa capacité à supporter et à intégrer le poids de l'extrême dépendance qui se dessine avec l'arrivée du bébé. La psychanalyste freudienne Régine Prat, en fait l'origine des troubles du *post-partum* :

« Le traumatisme que constitue la découverte de la dépendance totale du bébé est le point commun sous-jacent à tous les troubles du post-partum : […] il s'agit de cette identité qui a volé en éclats, et des tentatives pour y survivre, ainsi que des réactions à la terreur que suscite la perception de la dépendance extrême du bébé. […] Le bébé va se construire en fonction de ce qu'est sa mère, ce qui se manifestera à travers ce qu'elle fait avec lui et pour lui : le sentiment de responsabilité de la jeune mère est à ce titre écrasant[1]. »

Ce qui pour Annabelle, la mère, s'annonce comme une épreuve décourageante :

« Elle voulut retourner à son livre mais Adèle flotta vers la cuisine et Annabelle dut la suivre, car à sa nouvelle hauteur s'offraient tiroirs, portes, couvercle de

1. R. Prat, « Les bébés qui réactivent notre folie », in *Spirale*, n° 45, 2008/1, p. 165.

poubelle : un nouveau monde. Annabelle comprit qu'à partir de maintenant cela allait être comme ça ! Suivre sa fille, la surveiller, l'empêcher d'ouvrir les placards, de se cogner, d'attraper des produits ménagers, de mettre les mains dans la poubelle, etc. Annabelle se sentit très découragée. Adèle prendrait possession de l'espace, elle irait partout à présent, alors qu'en se traînant sur ses fesses, elle avait occupé une petite circonférence prévisible[1]. »

Ne dites pas cela !

Ainsi, devenir mère c'est aussi accepter de se sentir fragile, débordée et pas toujours disposée à se laisser instrumentaliser par un bébé omnipotent.

Mais il est des mères qui ont du mal à assumer cette fragilité parce que leur éducation ou leur milieu les a forcées à revêtir une cuirasse de mère courage ! Ou encore, elles se sentent tellement seules face à leur bébé, qu'elles imaginent qu'en se reconnaissant la moindre faiblesse, elles se sentiront incomprises par leur entourage, culpabilisées et… encore plus seules.

Alors, pressentant les effets nocifs de leur manque d'énergie sur leur bébé, elles font semblant d'être là. Et elles n'y sont pas.

Leur enfant devient pour elles ce petit tyran insatiable que la pression sociale et familiale leur interdit de confier à quelqu'un d'autre ! Et surtout, l'ayant désiré, elles n'ont pas le droit de se plaindre !

Ces mères se présentent d'humeur simili positive, jusqu'à une sorte d'inquiétante excitation, quelle que soit leur humeur.

1. I. Rivoal, *op. cit.*, p. 64.

« La mère peut être tellement bouleversée par ses propres réactions qu'elle va faire tout ce qu'elle peut pour les cacher, ou les transformer en contraire. Les retours de maternité sont ainsi souvent des retours de Madame la Marquise, pour qui tout va très bien, et des mamans qui s'épuisent à donner le change (souvent d'abord à elles-mêmes) : trop maquillées, débordantes d'une activité incessante, ne pouvant se "poser" de peur de sombrer[1]*. »*

Lorsque le *baby blues* perdure…

Le *baby blues* de la mère est un processus humain et banal tant qu'il ne déborde pas franchement sur un aspect exclusif, et qu'il ne s'installe pas dans la durée. En revanche, si la mère exprime de manière répétitive une froideur distante ou une indifférence relationnelle permanente dans des soins physiques pourtant ajustés, on observe que le bébé ne manque pas de réagir.

Il cherche à la rejoindre en attirant son attention de mille et une manières : par exemple lui signifier qu'il ne la reconnaît pas et pleurer souvent, pour relancer la relation de proximité. Il peut aussi « somatiser » : bien souvent le mal au ventre[2] des nourrissons a des racines psychogènes.

« Je reviens à l'idée que les symptômes psychosomatiques peuvent être compris comme une forme primitive de communication, un protolangage qui, très tôt dans l'histoire de l'homme, était peut-être destiné à attirer l'attention de l'autre… […] ce protolangage en vient peu à peu à être utilisé comme un langage symbolique[3]*. »*

1. R. Prat, *op. cit.*, p. 166.
2. J. Israël, « Les coliques du nourrisson », *Spirale*, 2010/4, n° 56.
3. J. McDougall, *Éros aux mille et un visages*, Paris, Gallimard, 1996.

Ainsi, il est important de faire la différence entre la fragilité psychique d'une mère après une naissance, et celle liée aux séquelles d'une blessure traumatique ayant anéanti une part de son énergie de vie, et ce d'autant plus qu'elle a été enfouie dans un silence honteux.

À mère blessée, fille douloureuse

Alice n'a pas confiance en elle. Ses rencontres sentimentales sont une succession de douloureux échecs. Pourtant, elle n'a qu'un désir, se réaliser en tant que femme dans une vie de couple pour vivre une maternité harmonieuse avec un homme. Alice ne comprend pas pourquoi les autres accèdent à cette vie comme une évidence, alors qu'elle va d'échec en échec. Sur le plan professionnel, au contraire de sa vie privée, elle est assurée, pleine d'allant et réussit bien dans un domaine juridique très exigeant.

Le travail approfondi sur elle-même lui fera découvrir les liens inconscients qui l'unissent indéfectiblement à une figure intérieure de femme blessée. Alice est l'unique dépositaire du secret de sa mère : traumatisée dans l'enfance par des abus sexuels qu'elle a toujours cachés, même à son mari. Alice constate : « Mon énergie de vie est dans un placard, enfouie avec la douleur de ma mère d'avoir été abusée. Elle s'est toujours sentie anxieuse pour moi : à cause de ça, elle aurait préféré que je sois un garçon. Elle me voit toujours comme un double d'elle-même : c'est-à-dire celle qui pourrait être victime de viol. Pour elle, c'est ça la féminité. Je commence à sentir que j'ai toujours attribué mes échecs aux hommes que je rencontrais, et que c'est la version qui faisait plaisir à ma mère. Mais maintenant, je suis capable de m'interroger ; peut-être que j'y suis pour quelque chose dans cette fidélité à l'héritage maternel ? »

Mais lâcher cette position de fidélité à une identité maternelle blessée, inconsciemment assignée, n'est pas simple.

En effet :

« Les formes de vitalité expérimentées dans l'enfance restent en mémoire. Elles sont liées aux autres formes de l'expérience mémorisée. Et l'évocation des formes de vitalité d'une expérience peut en faire surgir une autre[1]. »

Alice met son énergie au service d'une reconnaissance de sa féminité inhibée : elle s'intéresse authentiquement au développement de son identité de femme, différenciée de l'image de femme victime de l'homme transmise par l'histoire enkystée dans l'inconscient de sa mère.

Des défenses contre l'angoisse

Face à l'absence psychique de la mère, le bébé peut développer une activité motrice intense, pour se rassurer et s'occuper : elle y verra un signe de vitalité alors qu'il s'agit d'une défense contre son absence relationnelle.

Pour la remobiliser dans sa fonction maternelle, le bébé est capable de viser juste à l'endroit où, avec ses antennes[2] d'intuition, il pressent qu'elle est en souffrance.

1. D. Stern, *Les Formes de vitalité. Psychologie, arts, psychothérapie et développement de l'enfant, op. cit.*, p. 162.
2. On connaît mieux aujourd'hui le rôle des « neurones miroirs » : une même zone du cerveau est activée lorsque nous effectuons une action et lorsque cette action est réalisée par quelqu'un d'autre ! Les neurones miroirs nous permettent donc de saisir l'intention d'autrui. G. Rizzolatti et C. Sinigaglia, *Les Neurones miroirs*, Paris, Odile Jacob, 2008.

Ces comportements très ajustés sont aujourd'hui mieux connus : ils indiquent la capacité du bébé à être dans une position de « parent de son parent ». Le risque est que, centrés sur l'autre en souffrance, ces comportements se répètent tout au long de sa vie, au détriment de ses propres intérêts.

En grandissant, ces enfants sont immatures dans leur investissement du monde externe et d'autrui : maladresse motrice, peur de l'engagement dans le jeu, dans l'imaginaire, dans l'expression corporelle avec leurs pairs. En revanche, une sensibilité à la souffrance de leur mère et d'autrui les fait passer pour des enfants hypermatures, parce qu'ils sont capables de s'oublier, comme Alice.

Mais un cercle vicieux s'installe : l'enfant s'isole avec sa mère, qui croit le protéger, alors qu'en fait c'est lui qui la protège. Les conséquences en sont que tous deux se retrouvent prisonniers d'une relation fusionnelle imperceptible du dehors.

Chapitre 6

Une mère présente et absente

Dès ses premiers travaux, Jung a cherché à repérer les effets de la transmission inconsciente parmi les membres d'une même famille[1]. Ses travaux novateurs pour l'époque permettent de mettre au jour la notion d'inconscient familial. Notion qui sera confirmée ensuite par les théories de transmission transgénérationnelle.

Aujourd'hui, la question de l'hérédité reste inquiétante pour certaines personnes : en particulier quand un des parents, et bien sûr d'abord la mère, est atteint de troubles bipolaires.

1. C. G. Jung, *Collected Works. Psychiatric Studies*, vol. 1, trad. R. Hull, 1957, Londres, Routledge & Kegan Paul.

« La maladie bipolaire est un trouble de l'humeur qui met celui qui en souffre dans des alternances d'euphorie (phase dite maniaque) qui alternent avec des phases de dépression qui peut être très profonde. Ces deux extrêmes entraînent de graves conséquences sur l'équilibre familial, sur l'activité professionnelle, sur la vie sociale […] Cette maladie provoque des parcours de vie hachés[1]*. »*

L'hypothèse d'une transmission spécifiquement génétique aux enfants nés d'un parent atteint de la maladie bipolaire est l'objet de nombreuses recherches.

« Il apparaît maintenant évident que le code génétique n'est qu'un terrain en jachère pour le développement des troubles bipolaires. Rien n'est joué à la naissance. Même si l'hérédité pèse de tout son poids, les événements biographiques, la sinuosité des parcours individuels depuis la petite enfance déterminent son expression de manière réversible[2]*. »*

Reste à considérer les traces que l'adulte a « engrammé[3] » très précocement en matière d'instabilité de l'énergie vitale, quand sa mère est atteinte. Comment se construire dans le sillage d'une mère incohérente, imprévisible jusqu'à l'agressivité mais qui peut aussi être dynamique, entreprenante et créative ?

1. R. Giachetti, *La Maladie bipolaire expliquée aux souffrants et aux proches*, Paris, Odile Jacob, 2012, p. 22.
2. T. Haustgen, *Idées reçues sur les troubles bipolaires*, Paris, Le Cavalier bleu, 2013, p. 167.
3. Engramme (n. m.), provient de l'anglais *engram* et correspond à la trace biologique de la mémoire dans le cerveau.

Le complexe de la mère morte

Le « *complexe de la mère morte* », élaboré par l'analyste kleinien André Green, nous est utile pour décrire et analyser les répercussions inconscientes sur l'enfant puis l'adulte de la maladie bipolaire de sa mère[1].

Le complexe de la mère morte est la résultante « *d'un désinvestissement maternel brutal que l'enfant ne peut s'expliquer et qui bouleverse son univers psychique. Après des tentatives vaines de réparation, les sentiments d'impuissance dominent. S'installent des défenses complexes qui associent le désinvestissement, en miroir, de l'objet maternel doublé par une identification inconsciente à la mère morte. [...] Seule persiste une douleur psychique sourde, caractérisée surtout par une incapacité d'investir un objet proche touchant préférentiellement les affects : impossibilité de haïr comme d'aimer, impossibilité de recevoir sans se sentir obligé de rendre pour ne rien devoir*[2] ».

Bébés éponges, bébés guetteurs

La maladie bipolaire de sa mère provoque chez l'enfant une grande réactivité à l'imprévisibilité affective, alors qu'il a besoin naturellement de continuité pour se créer des repères stables. L'alternance d'états d'excitation et de dépression constitue un portage symbolique

1. Le « *complexe de la mère morte* » n'a pas été mis spécialement au jour à partir de patients bipolaires, précisons-le.
2. A. Green, in A. de Mijolla, « Mère morte (complexe de la) », in *Dictionnaire international de la psychanalyse*, Paris, Calmann-Lévy, 2002.

auquel le bébé puis l'enfant sont obligés de s'adapter comme si ces états répondaient à leurs vrais besoins. Leur appareil psychique n'a en effet pas encore de défenses suffisamment structurées pour réagir efficacement à ces carences avérées.

Les défaillances de sa mère, comme les négligences qui en découlent, ne sont pas d'abord perçues en tant que telles[1]. Comme on l'a vu précédemment, le bébé, comme le jeune enfant, est doté d'un fonctionnement psychique en miroir et il est naturellement disposé à recevoir des soins relationnels suffisamment bons. Il s'ensuit que l'appareil psychique interprète les soins, – même objectivement insatisfaisants – comme des soins suffisamment bons. Il en résultera que les expériences bonnes et mauvaises ne seront pas ou mal différenciées dans son monde interne.

Alors, se constitue une expérience de fausse sécurité, dont le but est de rester en lien avec la mère : on peut relier les conséquences de cette relation biaisée à ce que Winnicott a mis au jour sous le concept de *faux self*[2]. « *C'est-à-dire que la trajectoire du soi de l'enfant est détournée : il se mobilise sur la réponse à donner aux attentes de la mère, au lieu de se centrer sur ses propres désirs. L'enfant cherche alors inconsciemment à "soigner" sa mère en restant, ou pour rester, dans le lien avec elle*[3]. » Il en résulte une dépendance affective tenace à une mère insuffisante.

---

1. J. C. Ameisen, *Ressentir*, podcast de l'émission de France Inter : « Sur les épaules de Darwin », du 23 janvier 2011.
2. D. Winnicott, *Processus de maturation chez l'enfant : développement affectif et environnement*, Paris, Payot, 1970.
3. J. Vieljeux, « La Persona », in *Cahiers jungiens de psychanalyse*, n° 58, 1988.

Cette recherche active de sécurité fabrique des bébés « guetteurs » toujours sur le qui-vive, grands observateurs de l'état psychique de leur mère : dans sa présence physique, est-elle présente psychiquement ? Ainsi, une femme se souvient que dès ses quatre ou cinq ans, elle scrutait attentivement le regard de sa mère pour évaluer si elle était « bien » ou non… « Bien » signifiant qu'elle n'était pas enfermée dans une rumination dépressive.

Occupés qu'ils sont à guetter, ils n'ont pas la liberté de découvrir le monde dans le plaisir du jeu comme peut le faire le bébé d'une mère ordinaire. Quand on les observe finement, on découvre qu'ils sont souvent très actifs – manière de rassurer leur mère, mais aussi de se fabriquer du vivant par leurs sensations motrices. En fait ils s'abandonnent rarement dans une posture sécurisée de détente profonde.

Sur le plan du développement, leur sentiment de continuité intérieure, leur besoin de permanence dans un « *moi-peau*[1] » physique et psychique se construit en archipel : des îlots d'expériences structurantes et structurées, flottent sur une mer d'incertitude anxieuse.

Enfants antidépresseurs, adultes empêchés

En grandissant, et plus ou moins consciemment, ils resteront les partenaires fidèles d'un maternel en souffrance : offrant généreusement leur énergie à une mère symbolique. Ils seront de ceux qui vivent « par procuration » la vie des autres plus que la leur.

Cependant, ils se mettront aussi très souvent au service des autres qui, alors, viendront prendre la place d'une *mater dolorosa* à consoler.

1. D. Anzieu, *op. cit.*

Cela peut donner lieu à de belles vocations de soignants, à condition de prendre la mesure des attentes de réparation inconsciente qui risquent de se transformer en comportements de toute-puissance si elles ne sont pas sérieusement analysées !

Penser pour panser un maternel blessé en soi

André Green insiste sur la difficulté qu'éprouve le bébé, puis l'enfant, à s'adapter à l'impermanence de sa mère. Elle vient contrarier son besoin naturel de continuité psychique et affective. Il souligne en particulier la nécessité pour les bébés et enfants qui y sont exposés de se mettre à penser très tôt, trop tôt et trop seul, pour construire le sens qui leur a manqué dans la relation.

René Kaes qualifie d'« *hyperactive* » cette pensée qui a pour fonction « *de créer un sein rapporté, destiné à masquer le trou du désinvestissement*[1] ». La vie de la pensée devient un équivalent de crypte psychique dans laquelle l'enfant trouve refuge.

Jeanette Winterson nous a montré comment elle avait transformé la pensée de ses traumatismes en une sensibilité d'artiste pour nous faire entrer de manière très vivante dans son parcours d'individuation.

Mais on peut observer également des attitudes de retrait de la pensée : les liens s'assèchent, deviennent logiques, et plus on entre dans l'abstraction, plus l'émotion liée au manque est tenue à distance – le but est atteint, à savoir assourdir la vie émotionnelle pour atténuer la souffrance.

---

1. R. Kaes, « Les dépressions conjointes », in C. Chabert *et al.*, *Figures de la dépression*, Paris, Dunod, 2005, p. 183.

L'expérience clinique avec les enfants de mères bipolaires les montre donc souvent « hyperactifs », soit sur le versant de la pensée, soit sur celui de la motricité corporelle. Évidemment, le mode de pensée est valorisé dans notre monde de rationalité alors que le mode moteur, dont le substrat émotionnel est agi dans le corps, est réprimé parfois avec une grande violence, du moins chez les enfants.

Dans un de ses fameux séminaires, Françoise Dolto remarquait cette vérité simple : *« Les enfants qui bougent tout le temps disent à leur mère qu'ils ne sont pas morts, parce qu'ils perçoivent que quelque chose en elle l'est déjà, ou bien l'a été un jour*[1] *! »*

Dans ces défenses, l'émergence de la conscience de l'émotion est tenue à distance, pour ne pas souffrir.

Comment contenir les débordements ?

Comme chez tout enfant le désir de savoir est très prégnant.

On peut donc relier son (hyper)activité intellectuelle à un besoin de comprendre ce qui arrive à sa mère. Les crises qui éclatent dans le couple parental (quand un des deux parents est malade) l'interrogent sur cet « amour à l'envers », dont il est le témoin effrayé et impuissant !

Il devient de plus en plus fréquent de donner des « calmants » aux enfants pour contenir (et en fait réprimer) l'expression motrice de leur désarroi. On comprend aisément les graves dommages que pourront provoquer ces inhibiteurs chimiques sur les mouvements

1. F. Dolto, *Séminaire de psychanalyse d'enfant*, Paris, Seuil, 1991.

psychiques de (sur)vie de l'enfant. Car ceux-ci sont en fait une résistance – parfois désespérée – à la perte de vitalité de leur mère dans ses phases dépressives.

L'adulte réagissant à la sourde crainte de tomber comme sa mère « en dépression » peut développer cette hyperactivité dont la société du travail est tellement friande, mais qui le piège et fait de lui une victime. Valorisé tant que l'hyperactif résiste psychiquement et physiquement, disqualifié professionnellement quand il s'effondre dans un *burn out*. Il entre alors dans le club des « gens fragiles » dont on parle avec condescendance : la nature même de ses réactions de survie est attaquée, critiquée. Que lui reste-t-il pour se reconnaître et se faire reconnaître ?

Chapitre 7

Quelles conséquences à l'âge adulte ?

À l'âge adulte, ces réactions de sensibilité à la souffrance d'autrui peuvent aussi se transformer en besoin de distraire, de ne rien prendre au sérieux, de faire le clown, pour éviter le silence ravivant l'insupportable absence émotionnelle de la mère de l'enfance.

Devenus adultes, une authentique séparation restera difficile : non pas tant physique, mais bien psychique. Car la capacité à se distancier des aspects inconscients du maternel n'est pas assurée.

Et ce, non parce que ces blessés de mère seraient trop fragiles pour la lâcher. Bien au contraire, c'est parce que les rôles se sont inconsciemment inversés : gardienne du temple maternel, l'énergie de vie de ces adultes ne parvient pas à abandonner le « monde-mère » au profit d'une ouverture sur un ailleurs qui leur est inconnu.

Rédiger son issue de secours

Quand ils consultent des thérapeutes, ces adultes se confrontent nécessairement à l'examen des expériences précoces qu'ils ont eu à vivre. Remonter aux origines d'une vitalité maternelle partagée les amène à reconsidérer ce que dit le « discours familial » à propos de leur conception et de leur venue au monde. Sans souvenirs de ces périodes couvertes par l'amnésie infantile, ils peuvent cependant analyser ce qui est raconté de leurs premiers moments. On regarde des photos, on écoute les témoignages des proches, et on reconstitue une version personnelle de son histoire, on fait des recoupements que personne n'a jamais faits. Une femme s'interroge : « J'ai toujours entendu ma mère dire qu'elle n'aimait pas le climat de la région où nous vivions quand je suis née. Je me demande jusqu'à quel point ça l'atteignait. Que me communique-t-elle à propos de son état psychique et jusqu'à quel point j'en ai été affectée ? Mon côté "pitre" aurait-il déjà cherché à la distraire ? »

Certains traumatismes maternels sont explicites et parlent d'eux-mêmes : c'est le cas pour les deuils ou les traumatismes lourds vécus durant ou après la grossesse : ils font partie de l'histoire de la famille connue de tous.

Dans des circonstances dramatiques, la psyché de la mère se dissocie, la mettant dans une position paradoxale et difficilement tenable : vivre une perte irrémédiable et donc se laisser endeuiller et, dans le même temps, se laisser combler par les sentiments de plénitude d'une maternité.

Le déchirement intérieur vécu par elle imprègne la psyché du bébé d'échos douloureux.

Pour l'adulte, approcher l'expérience intime de ces contenus inconscients permet d'identifier les fantômes qui ont peuplé les chambres d'enfants et rôdent aujourd'hui dans son inconscient. Reconnaître ces parts d'ombre[1], permet de les apprivoiser, d'en prendre soin, au lieu de chercher à les oublier ou à les éliminer.

Ce qui échappe à la lumière...

De la même manière que toute clarté crée sa part d'ombre, Jung formalise le concept psychique d'ombre pour exprimer l'opposé naturel à l'éclairage de la conscience. *« L'ombre comprend tous les aspects de notre personnalité que nous ne reconnaissons pas comme nôtres, qui sont inacceptables en regard de l'image que nous voudrions avoir de nous-mêmes et donner à autrui. Il s'agit en général de côtés que nous jugeons inférieurs, inadaptés ou moralement répréhensibles, qui ont été refoulés, déniés ou clivés et qui, de ce fait, ne nous laissent pas quittes*[2]*. »*

Il s'agit également de prendre conscience qu'avant de contaminer l'enfant puis l'adulte, cette perte de vitalité a été le mode de défense d'une mère se protégeant sans doute d'un lourd traumatisme. L'effet de transmission inconsciente concernera autant le contenu traumatique que le contenant énergétique. Il devient libérateur pour son enfant devenu adulte de pouvoir faire la part entre la juste compassion vis-à-vis des blessures de la mère pour se désolidariser du mouvement psychique dépressif[3] dans lequel il a entraîné ses enfants. C'est la différenciation à l'œuvre.

1. « L'ombre », *Cahiers jungiens de psychanalyse*, n° 123, 2007.
2. C. Dorly, Agnel A. *et al.*, *Dictionnaire Jung*, *op. cit.*, entrée *Ombre.*
3. Faire le deuil, c'est différencier les vivants des morts.

Jeanette Winterson, adulte, revient sur son histoire d'enfant et elle approche ces contenus douloureux à sa façon créative :

« L'adoption vous débarque au milieu d'une histoire qui a commencé sans vous. [...] Ce n'est pas négatif en soi. [...] Cette part manquante, ce passé manquant peuvent constituer une ouverture plutôt qu'un vide. [...] Les marques sont là, des zébrures saillantes. Lisez-les. Lisez ces blessures. Récrivez-les. Récrivez ces blessures. [...] Je devais être capable de faire mon propre récit. [...] J'ai rédigé mon issue de secours. La vérité[1] *? »*

Revisiter le lien infantile à la mère

Il existe des situations dans lesquelles un événement inattendu révèle une problématique inconsciente qui n'avait jamais pu être perçue, à cause de l'enfermement même qu'elle provoquait.

Un deuil peut en cacher un autre

Betty est une jeune femme qui demande en urgence à être aidée. Rien ne va plus dans sa vie. Depuis la mort de son père, elle pleure sans arrêt et ne parvient plus à accompagner dans leurs vies ses deux fils, collégiens, ni son mari, dont elle se sent désormais très distante. Et ce n'est pas tant le deuil de ce père qu'elle aimait qui la préoccupe, mais bien les nouveaux rapports qui se sont dessinés avec sa mère depuis que celle-ci est veuve.

Betty se renferme, passe ses journées à dormir, elle refait le film de sa vie pour tenter de comprendre : pourquoi depuis la mort de son père, éprouve-t-elle des sentiments de rejet, de détestation – allant jusqu'à la haine – pour cette mère qu'elle croyait aimer, et dont elle se croyait également aimée ?

1. J. Winterson, *op. cit.*, p. 14.

Les premières questions de Betty à l'analyste concernent son sentiment d'étrangeté : elle ne se reconnaît pas, et craint d'être atteinte d'une maladie mentale.

Ses pensées tournent en rond, pour aboutir toujours aux mêmes conclusions : une force mystérieuse l'a coupée de sa mère, quelque chose comme *le mauvais œil*, serait intervenu de façon tout à fait inattendue. Elle n'y comprend rien, même dans les explications magiques qu'elle essaie d'élaborer !

Aller voir au-delà du décor

Revisiter les croyances contredisant les intuitions secrètes, les stéréotypes qui ont servi de substrat à la construction d'une légende familiale, voilà le travail auquel va se livrer courageusement Betty.

Sa mère, qui lui est toujours apparue comme une merveilleuse héroïne de roman, s'était trouvé un mari au bout du monde : elle avait même réussi à lui faire adopter la France. La famille de Betty s'est alors développée autour du mythe du père aventurier se coupant de son pays d'origine et de sa famille. Dans le même temps, la mère se coupait, elle aussi, de ses liens familiaux : jugeant ses proches incapables d'apprécier la réussite de son couple.

Betty se souvient que ses parents n'avaient pas d'amis, qu'elle-même n'invitait pas les siens, pour ne pas aiguiser la jalousie, selon sa mère. Le besoin naturel de sécurité de Betty s'en était trouvé comblé.

Plus grande, elle avait appris par hasard qu'un frère était mort-né avant sa propre naissance. Mais on n'en parlait pas. De crise d'adolescence, point : il n'y avait pas d'espace pour la moindre remise en question. La règle était de donner une bonne image aux autres.

Son mariage n'avait pas été très bien accepté par ses parents, elle avait cru comprendre que sa mère y perdait une amie. Sitôt la naissance de son premier fils, Betty s'était étonnée du peu de présence de sa mère.

Quand le rempart du couple se brise

Mais depuis la mort de son père, tout a changé.

Betty se sent désormais envahie par les demandes harcelantes de sa mère, qui voudrait sa fille plus proche, plus serviable, plus à l'écoute. Betty sait aussi que cette femme alerte jouit de toutes ses capacités et est tout à fait capable de vivre seule.

> Je découvre une mère complètement égoïste... Je me demande si c'est moi ou si c'est elle qui a changé. Je n'avais jamais imaginé que je pourrais être accusée d'être méchante comme elle le sous-entend parfois. En fait, je me sens très coupable de ce qui se passe. Dites-moi ce que vous en pensez, qui a raison ? Ma mère ou bien moi ?

Du conflit vient la transformation

Betty est déchirée par le conflit qui l'habite : répondre aux demandes de sa mère, ou bien vivre sa propre vie. Elle perd toute son énergie en tournant en rond dans cette question insoluble. D'une part, elle est hantée par l'image qu'on lui a construite dans son enfance : fille idéale d'une mère idéale. D'autre part, elle est obligée d'évaluer l'envahissement maternel abusif auquel elle ne sait pas répondre, n'ayant jamais eu l'occasion de s'y confronter.

Dans ces situations, la pensée ne parvient pas à tenir ensemble deux options contradictoires : comme si Betty devait abandonner sa mère pour vivre sa vie, ou vivre sa vie en abandonnant sa mère.

C'est l'unilatéralité de l'affectivité primitive qu'impose l'énergie archétypique[1] qui s'exprime ici, mettant le conscient face à des choix infaisables. Pour pouvoir dépasser ces exigences intenables, le moi de Betty devra accepter de redimensionner le conflit. Il s'agira de passer d'une approche en « tout ou rien » pour élaborer un compromis acceptable donnant sa juste place à la légitimité identitaire de Betty. La sortie du conflit offrira un espace psychique de représentation à chacune des deux partenaires. L'unilatéralité se dissout par le renoncement à l'idéal mythique de la fille sacrifiée aux intérêts de la mère.

Un « emboîtement » toxique...

La perte d'énergie, les pleurs, les idées noires viennent dire à Betty que ce conflit creuse un fossé entre l'image idéale maternelle indifférenciée, véhiculée par l'inconscient – dans laquelle elle est incluse –, et les attaques agressives qu'elle doit affronter.

L'indifférenciation psychique les concerne toutes les deux : mère et fille sont comme des poupées russes emboîtées symboliquement l'une dans l'autre.

Mais Betty est d'abord incapable d'imaginer, et *a fortiori* d'apprécier, le bénéfice futur qu'elle pourra tirer de l'apparition de cette crise qui la fait souffrir.

1. E. G. Humbert, « Le puits de la mémoire », in *Écrits sur Jung*, Paris, Retz-Nathan, 1993, p. 67.

Jusqu'au jour où, après quelques coups de téléphone encore plus intrusifs, elle s'énerve : « Mais comment est-ce que je peux me laisser envahir ? Pourquoi, au lieu de constater qu'elle est égoïste, je n'arrive pas à l'être moi-même ? ! »

On pourrait symboliser cette situation par l'image « d'une peau pour deux » se déchirant : elle reprend la notion de « *moi-peau* » de Didier Anzieu : tout se passait comme si la circulation énergétique entre mère et fille, adultes, fonctionnait sur le modèle relationnel du nourrisson et de sa mère au cours des premiers mois de vie.

Tenir la tension des opposés dans le conscient

Désormais, le conflit se réorganise de façon différente : dans cette formulation inhabituelle, une nouvelle position s'est créée. Le conscient questionne la possession par le complexe maternel dont Betty est psychiquement prisonnière. Il est essentiel que cette nouvelle position émane de la créativité psychique de Betty elle-même. Le lieu d'une transformation authentique se dessine.

Par là même, Betty perçoit la colonisation intérieure par une autorité inconsciente qui fait d'elle le jouet coupable et sans énergie d'un pouvoir omnipotent mis au jour par les attitudes de sa mère.

La tension des opposés apparaît dans l'espace psychique : d'un côté une autorité qui lui impose des conduites sacrificielles et de l'autre des sentiments dépréciatifs d'impuissance touchant au désespoir.

Le travail de Betty ne concerne donc pas tant ses relations à sa mère comme personne, mais bien plus profondément, la dimension inconsciente du maternel négatif qui l'habite et pompe son énergie.

« [...] Car il faut que meure la relation avec la mère et de cela on meurt presque soi-même. En effet, la violence de la séparation est fonction de la puissance qui attache le fils à sa mère, et, plus était fort le lien brisé, plus sa mère lui apparaît dangereuse sous la forme de son inconscient[1] *».*

C'est ce que nous rappelle Jung, en référence à cette énergie puissante de l'archétype du maternel[2].

Relire son histoire selon sa propre subjectivité

Le travail d'analyse ouvre à Betty un nouvel espace pour interpréter son histoire et celle des siens. Le récit qu'elle reconstruit contraste singulièrement avec le conte de fées véhiculé par sa mère. Il s'agit d'accepter de sacrifier une version infantilisante de l'histoire de sa mère et de reconnaître la valeur d'un point de vue personnel, subjectif : c'est-à-dire aussi accepter de se sentir plus libre et donc plus seule.

Le deuil de l'enfant idéal, un sacrifice

La légitimité d'un point de vue personnel est difficile à endosser. Betty interroge parfois : « Mais ai-je le droit de penser ces choses, que je suis seule à penser ? »

Betty, dans sa crainte de trahir, doute de la légitimité d'avoir des pensées « *à soi*[3] ». Le risque de décevoir sa mère est la contrepartie de l'illusion dans

1. C. G. Jung, *Métamorphoses de l'âme et ses symboles*. Genève, Librairie de l'université, Georg, 1983, p. 515.
2. V. Thibaudier, *100 % Jung*, *op. cit.*, p. 111.
3. Même quand on n'a pas « *une chambre à soi* », comme le préconise la célèbre écrivaine Virginia Woolf, on peut se construire un espace intérieur pour « des pensées à soi » !

laquelle elle a grandi. Le sacrifice[1] de cette image d'enfant idéal est douloureux.

Mais l'affirmation de soi, au travers de sa propre pensée redimensionne ce fantasme de déception : elle continue à déconstruire l'image idéale du bébé qui doit réjouir la mère, pour se connaître authentiquement.

À propos du travail d'écriture de son autobiographie, Jeanette Winterson[2] affirme :

« Raconter une histoire permet d'exercer un contrôle tout en laissant de l'espace, une ouverture. C'est une version, mais qui n'est jamais définitive. En écrivant, on offre le silence autant que l'histoire. Les mots sont la part du silence qui peut être exprimée. »

Pour Betty, tout se passe comme si les aspects du maternel intégrés dans son monde interne devaient correspondre à la version que sa mère, en tant que personne, veut imposer dans le monde externe : c'est la résultante de l'indifférenciation psychique entre la mère et sa fille.

L'adolescence, une crise utile

Quand l'enfant est jeune, il adhère à la vision du monde que ses parents lui proposent. Mais l'accès à une pensée autonome survenant avec l'adolescence lui permet d'engager des points de vue subjectifs, différenciés de ceux des parents… D'où la fameuse crise

1. E. G. Humbert, *L'Homme aux prises avec l'inconscient*, *op. cit.*, chapitre : « Le prix du symbole ».
2. J. Winterson., *op. cit.*, p. 18.

d'adolescence, nécessaire pour sortir d'une position d'objet[1] dominée par l'emprise parentale et devenir un sujet à part entière.

Il importe alors que les parents soient solides dans leurs propres choix : l'adolescent a besoin de sentir que les limites ne sont pas arbitrairement rigides, mais ont été pensées par des parents qui réfléchissent, en cohérence avec leur propre logique éducative[2].

Enfin désobéir à sa mère !

Pour Betty, la transgression quasi adolescente des diktats maternels va se traduire par un acte inattendu : ne comprenant pas pourquoi sa mère a tenu sa propre famille à l'écart, elle décide de la rencontrer et découvre des personnes chaleureuses.

Cette désobéissance, à y regarder de plus près, est pourtant loin d'être une provocation d'adolescente : en effet, elle lui permet d'identifier une réelle fragilité de sa mère, au-delà de la violence de son comportement d'exclusion. Elle la nomme à juste titre « son complexe de supériorité ». Betty analyse ici avec son sentiment. Au lieu de se révolter ou de juger, elle peut considérer la fragilité identitaire de sa mère qui a donné lieu à un tel comportement. Une réconciliation[3] intérieure est en marche.

Dénouer le fil de mémoire

Là où Betty découvre une famille maternelle différente de ce qu'elle imaginait, d'autres personnes découvrent un portrait maternel

1. R. Cahn, *L'Adolescent dans la psychanalyse : l'aventure de la subjectivation*, Paris, PUF, 1998.
2. F. Wasmuth, « Fonction de parents, fonction de l'analyste », in B. Allain Dupré *et al.*, *Maria et le Thérapeute, une écoute plurielle*, Paris, *Cahiers jungiens de psychanalyse*, 2004, p. 169.
3. E. G. Humbert, *Écrits sur Jung*, *op. cit.*, p. 76.

différent de celui qui avait été construit par la légende familiale, ce qui est tout aussi éclairant. On pense ici à l'ouvrage d'Anny Duperey[1] qui explore le visage de sa mère décédée quand elle avait huit ans et demi.

À travers le décryptage de photos, elle tente – pour s'en libérer – de remonter à l'origine de la tristesse qui lui a été transmise. En utilisant une technique créative – l'agrandissement des photos, doublé d'un travail d'écriture –, elle met des mots sur sa rencontre avec le regard de sa mère, pour la rejoindre, la comprendre et enfin s'en différencier.

Le travail de différenciation, une déambulation féconde

Le « *travail de différenciation*[2] » s'organise autour de cette longue reprise de son histoire, sous des angles différents, avec ce que Betty analyse « ici et maintenant » de sa vie intérieure. Elle est conduite à réexaminer ses croyances enfantines, et à laisser émerger un point de vue subjectif, le sien, c'est-à-dire celui d'une adulte libre de penser.

Dans le travail sur soi, les patients craignent parfois que cette « déambulation » autour des grands thèmes de leur propre histoire ne les amène à « tourner en rond », comme ils disent parfois.

Mais la thérapeute peut entendre cette « pérégrination » d'une autre oreille : il s'agit bien d'un mouvement en spirale de l'intégration psychique, qui revient sur les mêmes aspects de l'histoire et autorise une subjectivité croissante allant de pair avec l'affirmation

1. A. Duperey, *Le Voile noir*, Paris, Seuil, coll. « Points », 2003.
2. « Séparation, différenciation », in *Cahiers jungiens de psychanalyse*, n° 61, 1989.

de soi dans le monde externe. Inutile d'attendre un déclic. Cette unité intérieure qui se reconstruit, va apporter la transformation : « *presque la Paix* »…

« *[…]*
Ni quand ce mal changea, je ne pourrais le dire,
Car je l'avais porté, jour après jour
Ni ce qui le consola, je ne pus en détecter la trace –
Excepté que, alors que c'était le Désert –
C'est mieux – presque la Paix[1] *–* »

La transmission d'une délégation

Dans la saga romanesque élaborée par sa mère, Betty cherche à donner une qualité psychique au deuil de l'enfant mort-né dont elle a entendu parler.

Elle est saisie par l'effacement auquel un tel drame a été soumis. Mais elle accepte d'entrer dans la dimension affective que cette mort a fait vivre au couple de ses parents et, en particulier, à sa mère, dont c'était le premier-né.

Elle s'ouvre intérieurement à la perte de ce frère qui lui aurait permis de se sentir moins seule.

Tout en s'associant à cette tristesse frappée de déni, elle éprouve le besoin d'élaborer une théorie de la psychologie de sa mère pour comprendre ce qui l'a amenée à construire ce personnage, qui, non seulement coupe les ponts avec les siens, mais se coupe également de sa propre détresse de mère endeuillée.

1. E. Dickinson, *Poésies complètes*, [Édition bilingue], Paris, Flammarion, 2009.

C'est alors qu'elle amène un rêve qui éclaire sa position psychique.

« Ceci n'est pas à moi... »

Je suis dans une sorte d'hôpital. Allongée sur un lit. Je ne sais pas pourquoi. Je ne me sens pas malade. Ma mère me rend visite. Je suis étonnée de ne pas être heureuse de la voir. Elle m'apporte mon sac de voyage avec les affaires que je lui avais demandées. Ma brosse à dents, une chemise de nuit, le livre que je suis en train de lire, etc.

Ma mère dépose le sac et repart très rapidement, sans même prendre de mes nouvelles ni s'inquiéter de la suite de mon hospitalisation. Là aussi, je suis étonnée, mais en même temps soulagée qu'elle ne s'attarde pas.

Quand elle est partie, j'ouvre le sac et y découvre un bric-à-brac de vieux objets, cassés, inutilisables, des vêtements sales, froissés, usés qui ne sont pas à moi : en fait ils me semblent tous lui avoir appartenu... autrefois !

Au fond du sac, je trouve une petite girafe en caoutchouc, toute racornie et à moitié fondue. Je reconnais ce jouet que l'on offrait aux bébés à leur naissance pour qu'ils puissent le faire couiner en appuyant dessus. Quand je le touche, le vieux caoutchouc fondu me colle aux doigts. Je me réveille avec une forte sensation de dégoût.

Ce rêve surprend Betty en même temps qu'elle en pressent l'importance. Elle est bouleversée par cet ancien jouet de bébé qui lui colle aux doigts. Ses associations la conduisent vers le fils mort-né de ses parents.

Son inconscient lui pose une question claire à laquelle il lui faut désormais répondre : en quoi serait-elle l'héritière désignée de ces vieilleries qui ne lui appartiennent pas et dont sa mère n'a pas pu se séparer elle-même ? En quoi, en tant qu'adulte, aurait-elle été complice du partage inconscient de ce deuil avec sa mère ?

Betty prend la mesure de sa soumission infantile à l'injonction maternelle qui faisait d'elle une « bonne fille ». La charge d'amener au conscient ce que sa mère n'a pas pu élaborer, lui est signalée par le rêve. Dans cette épreuve, Betty gagne en entièreté, elle vit une réelle tristesse qu'elle ne cherche pas à partager avec sa mère, ayant bien compris que ce deuil impossible est lié chez cette dernière à une souffrance inabordable.

Les dents agacées par les raisins verts que l'on n'a pas soi-même mangés

Betty a pu remonter à l'origine de son effondrement énergétique jusqu'à la transmission psychique inconsciente véhiculée par les appels de sa mère. Le deuil gelé[1] dans l'inconscient maternel, comme un cadavre dans un placard, faisait résonner en Betty la nécessité de se tenir à l'écart. Mais elle ne savait pas comment. Et puis, elle rêva un jour d'un enfant mort qu'elle acceptait d'ensevelir dans son jardin.

La mort de son mari avait ravivé chez sa mère un deuil sans rituel, sans partage : elle le transmettait à sa fille sous une forme masquée en lui demandant instamment de prendre en charge l'endeuillée qu'elle n'avait pas pu être, consciemment.

Betty n'avait jamais pu vivre émotionnellement ce drame, tant il fallait que les apparences soient sauves. Sa crise lui a permis d'entrer

1. P.-C. Racamier, *Le Génie des origines*, Paris, PUF, 1992.

en contact avec cette authentique part d'elle-même et d'éprouver enfin sa propre énergie vitale. C'est la maladie qui soigne, si l'on sait l'entendre.

Le cas de Betty nous montre que la dépression maternelle n'est pas à proprement parler transmissible génétiquement, mais comme disait déjà le prophète Ezéchiel, on a su depuis les temps les plus reculés que quand « les parents ont mangé les raisins verts, les enfants ont eu les dents agacées ».

Chapitre 8

Ne dramatisons pas !

Comme on l'a vu précédemment, l'énergie archaïque de l'archétype nous fait souvent prendre « la partie pour le tout », et prive notre jugement des qualités de discernement nécessaires pour évaluer le réel. Un seul petit événement à tonalité négative peut induire une représentation catastrophique de la situation. Aujourd'hui en effet, les mères sont peu ou pas autorisées par la société à donner une forme acceptable à la fatigue physique – mais surtout psychique – que provoque l'arrivée d'un bébé, même et surtout désiré. Et pourtant, c'est tellement humain !

L'ambivalence banale de la mère « ordinaire »

Chaque bébé aura à se confronter à l'ambivalence banale de sa mère : « Il y a des jours où je le passerais bien par la fenêtre tellement il m'énerve ! [...] Pauvre bébé, jamais je ne te ferai ça ! Je t'aime trop ! »

L'ambivalence est ce sentiment composite, fait d'amour et de haine à la fois, qui tient la psyché maternelle à distance des sentiments positifs et révèle des sentiments négatifs pouvant aller jusqu'à la détestation et la haine. À y regarder de plus près, cette ambivalence assure une fonction protectrice pour la mère comme pour le bébé : elle refrène les élans fusionnels et permet à chacun de développer son propre besoin d'autonomie.

« *L'ambivalence maternelle n'est pas un accident de la relation de la mère à l'enfant mais une nécessité structurante dont le manque induit lui-même une pathologie*[1]. »

Symbiose médiatrice de l'ambivalence

La communication entre la mère et son bébé relève des effets de symbiose psychique et de sa mise en mots ordinaires. Elle se traduit pour le bébé, entre autres, par la réponse en miroir, qui devient de fait le vecteur de la communication dans les premiers mois.

De la part de la mère – comme de l'entourage –, cette symbiose véhicule l'échange de valeurs existentielles, à forte tonalité affective. Elles imprégneront la vie psychique du bébé d'une atmosphère à laquelle il va s'adapter, c'est-à-dire répondre en miroir. C'est l'« *accordage* », selon l'expression de Daniel Stern à partir des théories de l'attachement : mère et bébé se rencontrent dans une communion de réciprocité harmonisée. Moments d'échange joyeux alternent avec d'autres de moindre intensité : le tout inscrivant l'enfant dans une continuité de vie.

1. M. Benhaïm, *L'Ambivalence de la mère*, Toulouse, Érès, 2011, p. 19.

Bien sûr, à certains moments, la mère peut être fatiguée, préoccupée, ailleurs et l'interaction n'a alors pas d'intensité particulière. Ou encore le bébé n'est pas dans la relation, il a mal dormi, il a mal aux dents, ou tout simplement, il est dans ses pensées !

C'est l'ambivalence ordinaire qui se manifeste.

Il est important d'en prendre la juste mesure, car les injonctions des spécialistes pourraient nous faire croire qu'une « bonne » mère se doit d'être toujours et en toutes occasions stimulante, disponible, même jusqu'à inventer les demandes de son bébé !

Identifier l'ambivalence banale permet de la différencier clairement d'une expérience relationnelle franchement négative mettant alors le bébé, puis l'enfant, dans la nécessité d'avoir à absorber, comme une éponge, des insuffisances psychoaffectives, traumatiques, parce que répétitives, contre lesquelles il n'est pas encore équipé pour se défendre.

Apprendre à être seul(e)

Pour le bébé, l'ambivalence est vitale : il est en effet important qu'il ne soit pas exclusivement porté par les affects positifs de sa mère : il apprend à être seul en présence de l'autre[1], à produire des sources autonomes de plaisir. Quant à la mère, protégeant son bébé de ses sentiments négatifs, comme de l'exclusivité d'une relation fusionnelle, elle se tourne vers ses centres d'intérêt étrangers au maternage. Sa vie amoureuse, sexuelle, mais aussi culturelle et sociale doit reprendre une place active après la naissance.

1. D. Winnicott, *De la pédiatrie à la psychanalyse*, *op. cit.*

Mais, comme le dit clairement Jeanne Lazarre, les jeunes mères sont très déconcertées par des sentiments négatifs rarement évoqués dans la culture. Et ces sentiments sont d'autant plus incompréhensibles que l'enfant a été désiré !

« […] Presque tout ce qui, dans la littérature psychologique, a été jugé "névrotique" chez la femme et "pathogène" pour l'enfant, fait en réalité partie de l'expérience normale de la maternité, du moins pendant les premières années, et surtout avec le premier enfant. Le seul et unique aspect de l'expérience maternelle qui me semble éternel et naturel, c'est l'ambivalence, telle qu'elle se manifeste notamment dans les cycles récurrents de séparation et de rapprochement par rapport à nos enfants[1] ».

Sans avoir besoin des experts, les mères savent très naturellement faire ressentir à l'enfant que la distance fait partie du lien, sans l'endommager. Le bébé aura l'expérience d'une mère capable d'accueillir les différentes expressions de la vitalité : dans le plaisir comme dans le déplaisir.

La fragilité maternelle à tonalité dépressive

Sylviane Giampino, psychanalyste freudienne, va même jusqu'à considérer que la fragilité psychique du *post-partum* permet à la mère de se rapprocher de son bébé :

« Les femmes qui ont un enfant de moins de deux ans sont très souvent confrontées à ce que j'appellerai la fragilité maternelle à tonalité dépressive. Ce n'est pas un trouble psychologique qu'il faudrait soigner, c'est un état

1. J. Lazarre *Splendeur (et misères) de la maternité*, préface et traduction de N. Huston, La Tour d'Aigues, Éditions de l'Aube, 1994, p. 8.

que le processus maternant suscite. […] Contrairement à ce que l'on croit, une certaine fragilité donne une capacité à capter, à comprendre et à ressentir tout ce que le bébé n'a pas les moyens d'exprimer[1]. »

Nous voilà bien loin des standards de *l'executive mamma* qui devrait toujours faire passer un message, évidemment « hyperpositif », à son bébé !

L'idéal désidéalisé

La diffusion des méthodes de contraception a imposé la représentation merveilleuse du « bébé désiré ». Elle exige des mères le silence à propos de leurs sentiments de fragilité découragée. Ce décalage entre la luminosité des images de la maternité idéale et l'obscure solitude dans laquelle elles se retrouvent est aussi facteur de perte de vitalité qui, sans être une franche dépression maternelle, s'inscrit pour le bébé comme une expérience d'ambivalence partagée avec sa mère.

« — *La maternité, n'est-ce pas la chose la plus merveilleuse que vous ayez jamais vécue ? me demanda ce jour-là la femme au bout du fil.*

— *Pas vraiment répondis-je en refoulant mes larmes. À vrai dire, je trouve que c'est plutôt affligeant et épuisant.*

Je dus appuyer une main contre mes lèvres pour m'arrêter avant qu'il ne fût trop tard.

— *Oh ! Ne dites pas cela, dit-elle sur un ton de grande sagesse.*

1. S. Giampino, « À ta mère plus que l'amour tu demanderas », *Spirale*, 2006/3, n° 39, p. 23.

Alors je ne le dis pas. […] Je commençais à croire que j'étais la seule mère au monde à concevoir des sentiments de haine envers l'enfant que j'aimais si passionnément, et à regretter, encore et encore, d'avoir fait un bébé[1]. »

Comme nous l'avons vu, notamment dans l'exemple de Betty, vouloir transmettre à tout prix une image de mère idéale signe d'emblée la difficulté à vivre la relation au bébé de façon spontanée. Le bébé a besoin, comme nous tous d'ailleurs, de ressentir que sa partenaire privilégiée, sa mère, assume simplement, de façon suivie et avec confiance, qui elle est dans toute son humanité ordinaire. Face à une mère qui se leurre elle-même, il manquera au bébé l'expérience de l'authenticité partagée. Le risque est alors qu'il se « construise » une personnalité « *comme si*[2] » sur le modèle maternel et qu'il ressente très précocement que son expression naturelle n'a pas voix au chapitre !

Il est plutôt sain pour une mère d'éprouver de l'ambivalence face à son bébé. Il s'agit de ne pas sous-estimer la valorisation narcissique – éventuellement la dévalorisation – que le bébé procure à sa mère. Comme la mère de Peter Pan met de l'ordre dans les pensées de son bébé, les mères peuvent s'occuper à ranger et à plier avec soin les passions mauvaises qui parfois les animent intimement ! Une manière de ne pas les refuser, mais de les mettre – sans dramatisation – à leur juste place !

---

1. J. Lazarre, *op. cit.*, p. 83.
2. H. McFarland Solomon, « La personnalité *"as if"* : la création du self face au vide », in *Cahiers jungiens de psychanalyse*, n° 119/120.

« C'est la coutume, le soir chez toutes les bonnes mères, une fois leurs petits endormis, d'aller fureter dans leur esprit et d'y faire du rangement pour le lendemain matin, remettant à leur place respective les innombrables choses et notions qui se sont égaillées, égarées durant la journée. [...] Quand vous vous réveillez le matin, le mal et les passions mauvaises avec lesquels vous vous étiez mis au lit ont été pliés avec soin et relégués au fond de votre esprit[1]*. »*

1. J. M. Barrie, *Peter Pan,* cité par M. Wadell, *Vies intérieures. Psychanalyse et développement de la personnalité*, trad. M.C. Réguis-Simeloff, Larmor-Plage, Éditions du Hublot, 2002.

Chapitre 9

Reprendre une analyse pour soutenir le processus de vie

« La continuité a été rompue, le vide s'est installé et, se déployant comme brûle une traînée de poudre, a dissous le souvenir des expériences passées. Les souvenirs imaginaires reconstruits n'ont été que de pauvres emplâtres, et leur acidité a effacé les traces vivantes de l'objet en soi. La mère absente a laissé son enfant sans défense se confronter à la violence du monde, et aussi à sa propre violence en lui. Elle l'a abandonné[1]. »

De tout temps les guérisseurs ont créé des soins pour transformer – voire éradiquer – la possession psychique maligne de l'âme d'une personne et relancer une énergie de vie qui lui permette de trouver ou retrouver sa place dans la communauté humaine[2].

Aujourd'hui, l'accès au soin psychique est à la fois grandement facilité, mais il porte aussi sa part d'inquiétude : en ai-je vraiment besoin ? Pourquoi je n'arrive pas à m'en sortir seul(e), est-ce du

1. M. Corcos, *Penser la mélancolie.* Paris, Albin Michel, 2005, p. 48.
2. P. Solié, *op. cit.*

ressort de la psychiatrie ou de la psychologie ? etc. Les médias, le bouche-à-oreille ouvrent la possibilité de demander de l'aide. La possibilité même de cette demande porte un large potentiel d'évolution : « Je ne suis pas d'emblée condamné, marqué par un destin intangible. »

Les enfants de parents défaillants et spécialement de mères défaillantes savent désormais qu'ils auront sans doute besoin d'être accompagnés, à certains moments cruciaux de leur vie, spécialement quand les enjeux enfouis de l'enfance seront réactivés par des événements actuels.

S'autoriser à être femme et mère

Françoise consulte à nouveau au début de sa première grossesse, alors qu'elle a déjà fait une psychanalyse quand, jeune adulte, elle a eu besoin de prendre son envol vis-à-vis d'une mère diagnostiquée très tôt bipolaire, mais peu soignée.

À l'écouter, on découvre que le refuge de Françoise fut l'école. Une fois bravés les sentiments de honte de n'avoir pas, comme les autres enfants, une maman « pain au chocolat » qui l'attendait à la sortie, elle s'est plongée avec une passion grandissante dans le fait d'apprendre.

Et elle ne s'est jamais arrêtée, puisqu'elle est maintenant chercheuse et enseignante à l'université.

Elle a peu de souvenirs de son enfance, à part quelques situations reliées à l'école : elle se souvient de certaines de ses maîtresses, ou de ses professeurs, bien plus que de ses rares amies avec lesquelles elle avait du mal à créer des liens durables.

La construction de la personnalité en archipel

On pourrait voir dans cette hyperactivité intellectuelle de Françoise un effet de développement en archipel. Alors que Françoise est une petite fille mal dans son corps, inhibée et en difficulté avec ses pairs, elle est tête de classe depuis toujours et n'attire pas l'attention. Au contraire, elle rassure son entourage, car elle semble indifférente aux hospitalisations répétées de sa mère.

La position psychologique est typique d'enfant de mère défaillante : ne pas faire de vagues, car il n'y a pas d'espace disponible pour que l'on fasse attention à vous !

Françoise en tire une réassurance de surface qui compense les « trous » du maillage affectif dans lequel elle a grandi. Par sa réussite à l'école elle se sent nourrie narcissiquement, mais reste affamée de chaleur maternelle et de sécurité intérieure.

Cette maturation solidement étayée sur la vie de l'esprit, a pourtant laissé en jachère l'individuation de son corps et de son identité de femme. Françoise donne à sentir un corps neutre, sans vie, surmonté d'une tête très bien faite.

Sa première analyse lui a apporté une plus grande assurance en développant une meilleure confiance en elle-même comme dans ses liens aux autres. Elle a noué une relation amoureuse durable avec un homme, chercheur également, et ils construisent ensemble un projet de vie familiale. Mais elle désire aujourd'hui reprendre le travail avec une femme analyste, pensant, à juste titre, devoir faire évoluer sa féminité éteinte.

La question du féminin

Aujourd'hui, ses angoisses ont pris une forme particulière : enceinte de quelques semaines, elle se trouve aux prises avec la crainte grandissante de mettre au monde une petite fille, dont elle ne cesse d'imaginer un destin semblable au sien.

L'arrivée de ce bébé est une aventure qui n'est plus soumise au contrôle rassurant de sa pensée rationnelle. Sa perspective fait remonter les représentations d'une mère incapable de ressentir ce que vit sa fille. Françoise décrit son enfance et son adolescence au sein d'une famille enfermée dans une solitude abyssale.

> « Chacun souffrait de son côté, on ne se parlait jamais. De temps en temps, ça explosait. Mais les explosions ne servaient à rien. Papa nous emmenait chez la voisine et revenait nous chercher quand Maman était calmée. Elle restait couchée plusieurs jours, on n'avait pas le droit de la voir et il fallait surtout ne pas faire de bruit dans la maison pour ne pas réveiller "la crise". Avec mon frère, à l'adolescence, dans nos codes secrets, on ne l'appelait plus Maman, on l'appelait "la Crise"... Vous voyez l'ambiance ! »

« Les femmes sont psychiquement plus fragiles que les hommes, parce qu'elles sont femmes et mères » tel est le message implicite que Françoise a reçu de sa mère. Elle a en effet appris que la maladie de sa mère s'était déclarée après sa propre naissance.

La perspective de son accouchement se charge alors d'une double angoisse : vivre elle-même un épisode dépressif de type *baby blues* qu'elle imagine plus violent que la normale, compte tenu de ses antécédents maternels.

En outre, ne s'étant pas sentie reconnue par sa mère absente psychiquement, Françoise se sent incompétente pour accompagner une petite fille. Pour le moment, elle n'arrive pas à se rêver mère d'une fille. Un fils lui poserait moins de problèmes, car dit-elle « pour toutes les femmes, un garçon, c'est la même inconnue ! ».

Elle rêve à plusieurs reprises qu'elle accouche. Mais ce qui naît n'a rien à voir avec un bébé vivant. Des objets hétéroclites, des jouets d'enfants, des morceaux de puzzle, des chiffons qui lui rappellent que c'est elle qui faisait le ménage quand elle était enfant, imaginant que c'était ce dont sa mère avait besoin pour guérir !

Elle arrive à peine à parler de son rêve, tellement elle est angoissée par ce qu'elle ressent comme un échec annoncé ! Comme le souligne justement Monique Bydlowski[1], la maternité déclenche chez la femme une transparence psychique qui relance des conflits anciens qui avaient pu rester refoulés, en particulier dans les rapports inconscients de la jeune mère avec sa propre mère.

« J'ai toujours été frappée par cette vie du passé qui persiste en nous. À peine nées, mes filles m'ont toujours semblé plus sages que moi, plus mûres. Comme si, dès la naissance, elles savaient. Et que de lointains ancêtres les habitaient encore. Au creux d'elles-mêmes se cachait une marque inquiète. [...] Comme si chacun de nous transmettait à sa descendance d'infimes atomes d'une "vérité" destinée à se déposer ensuite dans d'autres corps[2]. »

1. M. Bydlowski, *Je rêve un enfant. L'expérience intérieure de la maternité*, Paris, Odile Jacob, 2010.
2. F. Noiville, *La Donation*, Paris, Stock, 2007, p. 45.

L'inconnue du travail sur soi

Pour sa nouvelle analyse, comme un samouraï qui part au combat, Françoise s'était préparée à fortifier ses défenses contre les angoisses liées à la grossesse. Toute surprise, elle découvre à travers de nouveaux rêves, la nécessité de s'occuper d'elle-même dans des images d'automaternage de sa part féminine démunie. Elle rêve :

« Je marche d'un bon pas dans une rue froide et mal éclairée, c'est la nuit. Soudain je butte sur un tas de tissu, par terre. En fait, j'ai l'impression de reconnaître, assise par terre, la petite marchande d'allumettes du conte d'Andersen. Sans réfléchir, je plonge la main dans mon sac et j'y retrouve un briquet que je lui donne très naturellement. Il s'agit du briquet en argent, très carré, solide et précieux, qui ressemble à celui que mon père m'avait offert pour mes vingt et un ans, et je pars en courant. »

Françoise se souvient d'une période calme et heureuse, quand ses parents l'avaient emmenée en vacances au Danemark. Elle garde un souvenir émerveillé du musée Andersen. Son rêve la nourrit énergétiquement selon deux dimensions complémentaires.

Sur le plan intersubjectif, il lui fait revivre des moments chaleureux partagés en sécurité avec sa mère. Elle a tendance à oublier cet aspect occulté du récit de vie familiale, par la dramatisation des moments de crise.

Sur le plan intrapsychique, son rêve la met face à une conjonction d'opposés : d'une part une représentation du dénuement de la petite marchande et d'autre part, la surprise d'être nantie d'un potentiel de chaleur spontané, lié au portage maternant de l'image paternelle, oublié lui aussi. Dans le rêve, son geste de don réunit les deux pôles dissociés.

À travers le travail sur ses rêves, elle découvrira la possibilité de considérer[1] les aspects les plus fragiles de sa personnalité avec chaleur, comme elle le fait avec la petite marchande du rêve.

Explorer la nuit à la lumière d'une flamme retrouvée

Intéressée par l'étymologie, Françoise associe l'acte de considérer son monde intérieur au fait de pouvoir aborder sa dimension sidérale ; elle y voit une étoile qui échappe aux dogmes de la pensée dirigée et la conduit à des associations poétiques. La pensée de Françoise peut quitter le domaine de la rationalité froide et se mettre à flotter dans une chaude rêverie.

Les représentations d'une petite fille – victime d'une mère défaillante – se transforment : Françoise se représente même le plaisir d'être une femme créative.

Elle se découvre une vraie sensibilité : elle commence à préparer la venue de son bébé et élabore à son sujet les fantasmes narcissiques qu'elle n'osait se formuler.

Elle va jusqu'à imaginer un beau bébé, à qui elle achète de jolis vêtements, elle qui croyait dur comme fer à la futilité de ces préoccupations consuméristes. Nous en rions ensemble.

Un jour, revenant sur ces achats de vêtements, et avec une certaine pudeur, Françoise évoque – en passant – l'idée que ce qu'elle a choisi

1. E. G. Humbert, *Jung*, Éditions universitaires, Paris, 1983, p. 16.

pourrait aller aussi bien à un petit garçon qu'à une petite fille. Elle confirme qu'avec son compagnon, ils se sont mis d'accord sur les prénoms !

Françoise a fait l'expérience de la capacité dissociative de sa pensée : ne pas rester collée aux angoisses de l'enfance mais les poser devant elle, dans l'espace thérapeutique, pour les considérer, les tourner, retourner en tous sens pour en connaître vraiment la teneur.

Le travail sur elle l'amène à considérer la rudesse avec laquelle elle s'est toujours traitée par peur de tomber dans la victimisation à laquelle la renvoyait son univers familial. Elle se souvient que ses tantes, ses cousins la traitaient comme une pauvre petite malheureuse : petite marchande d'allumettes ?

Pour Françoise, ressentir signifiait douleur. Elle apprend doucement que cela veut aussi dire plaisir ! Aujourd'hui, une place vivante s'est faite en elle pour accueillir la petite fille vivante qu'elle était, même quand sa mère était malade, et la petite fille à qui elle pourrait donner naissance dans quelques mois.

« La seule vérité durable, dit Octavia Butler,
La seule vérité durable est le changement.
La seule permanence est le changement.
L'émergence. Le devenir.
Le renouveau[1]. »

1. Cité par J. C. Ameisen, *Sur les épaules de Darwin. Les battements du temps*, *op. cit.*, p. 116.

Les pleins et les creux de ma vitalité

Nous vous proposons à présent d'analyser les pleins et les creux de votre vitalité intérieure, en établissant un dialogue constructif avec votre partenaire intérieur...

1/ Je repère les images qui me parlent de la transmission énergétique qui fonde mon sentiment de vitalité :

- Dans quel type d'énergie de vie suis-je venu(e) au monde ?
- Qu'est-ce que je sais du désir dans lequel j'ai été porté(e) ?
- Qu'est-ce que j'en comprends, est-ce différent de ce que l'on en dit ?
- Comment vit-on la tristesse, le deuil dans ma famille ?
- Y a-t-il d'authentiques maladies dépressives dans ma famille directe ?
- Comment sont-elles considérées ? Acceptées et soignées ou déniées ?

2/ Afin de mieux cerner mon capital énergétique, je mets au travail mon partenaire intérieur. Pour me décrire le plus objectivement possible, j'essaie de sortir des choses que je me dis habituellement :

- Comment est-ce que je prends soin de ma santé physique ?
- Comment je définis mon tonus, mon allant, ma vitalité ?
- Est-ce différent de ce que les autres pensent de moi ?
- Suis-je soumis(e) à des hauts et des bas que je ne comprends pas ?
- Comment j'accepte d'être fatigué(e), triste, démotivé(e) ?
- Est-ce que je sais contenir mes enthousiasmes comme mes baisses de moral ?
- Qui sont les partenaires inconscients de ma vitalité ?
- Vis-à-vis de qui suis-je en dette de vie ?
- En quoi cela me met-il dans une position de devoir, de pouvoir ?
- Vis-à-vis de qui suis-je éternellement en colère ?
- Comment cette colère agit-elle sur moi, sur les autres ?
- Quel est mon engagement dans mes projets, à qui s'adressent-ils ?
- Qu'est-ce que je cherche à prouver ? À qui ?

•••/

\•••

3/ Dans la confrontation à mon partenaire intérieur, j'accepte d'entendre une voix que, d'habitude, je réduis au silence :

- Ce renoncement énergétique ne m'appartient pas, il est seulement transmis.
- J'accepte de mieux évaluer mes forces pour ne pas me laisser prendre par l'idéal (ou la morosité) social ou familial.
- Je reconnais que je sacrifie mon projet personnel de vie et me laisse porter par un destin qui me conduit aveuglément.
- Le manque de confiance en moi n'est pas une excuse pour tous les renoncements.
- Oser s'engager n'a jamais tué personne.
- La blessure d'amour-propre que je crains n'est que la conséquence d'un manque d'évaluation juste de moi-même.

J'assume consciemment la reconquête d'une énergie qui m'appartient en propre, que j'évalue consciemment et fait de moi l'acteur de ma vie, ni nul(le), ni star, mais… moi !

Troisième partie

De soi à soi, de soi aux autres, des liens à nouer

Confrontés à notre histoire d'enfant, comment se créent nos liens aux autres, quand le lien avec nous-mêmes est si fragile, que le regard que nous nous portons est chargé de négativité, de dépréciation quand ce n'est pas de méconnaissance ?

Comment se créent nos liens aux autres quand notre rapport à nous-mêmes est lourd d'omnipotence enfantine, qu'il impose l'approbation et l'amour de l'autre, à tout prix et dans n'importe quelles conditions ?

Comment se créent nos liens aux autres quand nos besoins d'idéal, nos exigences d'absolu dominent nos relations et que nous sentons les autres à une telle distance de nous que rien de commun ne semble pouvoir être partagé avec eux, ni même nous rapprocher ?

Chapitre 10

Handicapés du sentiment ?

Sommes-nous condamnés à revivre dans nos relations la froideur affective que nous avons connue enfant ? Serons-nous toujours des handicapés du sentiment, qui voudraient recevoir tellement d'amour que ce qui nous est offert n'est jamais à la hauteur de nos attentes et que nous nous retrouvons éternellement déçus ?

Sommes-nous condamnés à sentir que les autres ne sont jamais à la bonne distance de nous, trop loin, trop près, toujours trop quelque chose ?

L'idéal vivant en nous n'aurait-il d'autre but que de faire de nous un éternel rêveur, un inadapté ? Que faire de l'idéal quand on a surtout vécu du négatif ? À quoi sert-il ? Pourquoi prend-il tant de place ?

Sommes-nous « normaux » quand nous constatons que nos émotions et nos sensations sont figées et ne savent pas donner tendresse, chaleur ; même le ressenti du plaisir érotique est endormi ?

Notre maturation en tant qu'adultes exige-t-elle de faire la paix avec nos blessures de mère ?

Comment installer cette paix en soi ? Peut-on l'installer tout seul ? Est-il nécessaire que les parents, la mère en particulier, passent aux aveux ?

Que faire du ressentiment, de la colère, qui peut aller de l'éloignement indifférent jusqu'au besoin de vengeance ?

Comment accepter que ce qui n'a pas eu lieu dans notre enfance nous marque au point de bloquer inconsciemment nos projets de vie avec autrui ?

De la sensorialité au lien

Toutes ces questions renvoient à la trace que les blessures précocement éprouvées laissent sur notre personnalité consciente et inconsciente. Comme nous l'avons vu, on sait désormais que la personnalité du bébé se façonne dès sa naissance – et même avant – à partir des expériences d'échanges intersubjectifs avec la personne qui incarne la figure maternelle. Ces échanges sollicitent les parts psychiques les plus archaïques de la mère ou de son substitut.

En s'instaurant de personne à personne, ces échanges créent la possibilité pour le bébé de ressentir qu'il est considéré comme un sujet à part entière, avec « bientraitance ». Et même s'il n'est pas encore capable de le penser, il le ressent avec sa sensorialité puissamment développée et il s'abandonne en confiance au lien.

À partir de la place qui lui est faite dans une histoire familiale vivante, l'incluant dans un authentique récit, le bébé, puis l'enfant, développera une capacité à s'investir dans la relation à l'autre. Il va nouer avec les autres des liens du même type que ceux qui se sont instaurés entre lui et les figures parentales auxquelles il a été sensibilisé.

On comprend alors qu'une expérience maternelle assurée et joyeuse, sachant intégrer les frustrations et l'ambivalence, va donner au bébé une confiance en lui suffisante pour pouvoir oser se risquer dans le lien à l'autre. Il n'aura pas peur des ratages de la relation qui ne manqueront pas de survenir.

On comprend aussi que, confronté à une mère préoccupée, voire absente psychiquement, et cela de manière répétitive, ou encore, en souffrance pour quelque raison que ce soit, le bébé pourra moins aisément se risquer dans la relation. Par peur de ne pas être accueilli, mais aussi peur de déranger, il restera sur une réserve relationnelle, observant et évaluant attentivement l'autre. Certains en deviennent ce que l'on appelle « timides ». « Aussi loin que je remonte dans mon enfance, dira cette jeune femme, je me souviens d'avoir été capable de savoir en observant son visage, quand ma mère avait bu et quand elle était sobre… Aujourd'hui je ne peux pas m'empêcher de scruter les visages des inconnus… Cette méfiance me reste, comme si je devais d'abord vérifier qu'ils ne sont pas ivres ! »

Mais à son tour quand elle se sent « observée » par l'autre, elle perd sa confiance en elle et se recroqueville dans des attitudes de blocage pour se protéger d'une possible menace.

Au contraire, on l'a vu, cette expérience de distance maternelle pourrait aussi animer chez le bébé une excitation pour provoquer à tout prix du lien, comme pour égayer une mère triste, ou encore pour stimuler en elle le réveil d'une position maternelle dont il a besoin… Ce sont ces bébés clowns qui mettent très précocement en place la fonction antidépressive qui leur est inconsciemment assignée.

Les défenses précoces contre l'environnement toxique

Les nourrissons sont capables de mettre en place des défenses psychiques contre un environnement affectif défaillant ou toxique ; elles adoptent des modes d'expression différents.

Nous n'aborderons pas ici le répertoire des défenses plus spécifiquement somatiques que le bébé est capable de mettre en œuvre : troubles du sommeil et de l'alimentation sont en effet les premières ressources défensives à la disposition du bébé pour réagir à ses difficultés d'adaptation à son environnement. Ces difficultés sont souvent transitoires, soit le message est reçu et le problème est simplement résolu, soit, au contraire, le message n'étant pas reçu, elles s'intensifient et s'expriment dans le registre relationnel à la disposition du bébé.

L'évitement

La première défense relationnelle est l'évitement. On connaît des bébés vifs et animés qui se débrouillent très tôt, parfois dès quelques jours, pour éviter le regard d'autrui, ne pas le chercher, ni pouvoir le soutenir lorsqu'il leur est proposé.

Ils balaient l'espace d'un regard vide, sans s'arrêter sur les propositions de rencontre et de contact qui leur sont faites. Souvent, en consultation, on observe qu'ils peuvent échanger de longs et sympathiques regards avec des personnes qui leur sont beaucoup plus étrangères que leur mère ou le substitut maternel : le père, des soignants, les frères et sœurs plus âgés, des inconnus, etc. Ce comportement nous renseigne sur l'équipement de mémoire dont dispose le bébé mais surtout sur l'impact des situations traumatiques partagées précocement avec une figure maternelle défaillante et la façon dont il est, très tôt, enregistré. Le refuge sécurisant d'une mère protectrice n'a pas été suffisamment ressenti. Le risque se présente en particulier dans des séparations traumatiques précoces, hospitalisations sans continuité de lien, décès, maladies douloureuses.

Partenaire ou jumeau ?

Chez l'adulte, cette modalité défensive d'évitement aura un écho dans l'établissement de ses liens aux autres. Il se caractérise par le besoin de trouver chez l'autre un frère, une sœur, un jumeau, bref un « double[1] » qui offre d'abord un sentiment sécurisant de familiarité et tient à distance l'impact de la différence. Tout se passe comme si ce qui n'avait pas été suffisamment vécu avec la mère restait en attente, à la recherche d'un partenaire « ajusté » comme elle l'est vis-à-vis de son bébé. Il ne faut pas croire qu'il s'agisse d'un besoin régressif de maternage, mais bien plutôt d'un besoin d'ajustement relationnel avec l'autre, dans des conditions sécurisées et sécurisantes.

On pense évidemment à la relation homosexuelle quand elle peut s'installer dans un couple, mais aussi à ce besoin généralisé de trouver

1. B. Allain Dupré et G. Maffei, « L'illusion créative, double et croyance, » in *Cahiers jungiens de psychanalyse*, n° 105, 2002.

« l'âme sœur ». Il s'agit alors de contrôler la singularité du partenaire au profit d'un fantasme de *fusion aconflictuelle* : ce « jumelage » fantasmatique a pour fonction de réduire l'angoisse de la différence entre soi et l'autre.

On connaît des couples qui semblent plus assortis comme frères et sœurs que comme conjoints. D'autres trouvent leur intimité dans une relation plus proche affectivement de celle de parent et d'enfant que d'adultes paritaires.

On connaît ces couples qui, une fois installés dans la conjugalité, limitent ou même abandonnent leurs anciens investissements, activités, relations, au profit d'une culture exclusivement centrée sur ce qu'ils peuvent partager et vivre ensemble.

Ceci montre bien que le lien à l'autre est une création singulière qui ne répond à aucun modèle préétabli. L'important étant l'« *accordage* ».

L'immobilisation

Une autre modalité défensive du bébé, bien connue chez certains animaux confrontés à un danger, est l'immobilisation qui consiste à « faire le mort » en se fondant dans le décor.

Quand le bébé se trouve contraint de s'effacer pour se protéger psychiquement, et même parfois physiquement, il se met dans la position de ne rien manifester[1]. Il ne communique rien, tout ressenti est anesthésié, en même temps qu'il se soustrait à la situation agressive.

1. Étymologiquement du latin *manus* : « main ». Même quand il ne parle pas, le bébé agite ses mains et se fait comprendre !

Mais il fait aussi l'expérience d'un environnement sourd, aveugle et insensible à sa détresse.

Il est difficile d'imaginer l'état de solitude extrême dans lequel ces moments peuvent être vécus par un tout petit d'homme.

Le paradoxe de cette situation est qu'elle a longtemps été interprétée comme un comportement d'indifférence physique et psychique du bébé : ce qui a permis de croire qu'ils étaient insensibles[1]. La douleur psychique du bébé avait été reconnue dans les années d'après-guerre avec les travaux de Spitz et de Bowlby sur l'attachement. Le monde médical a mis longtemps à reconnaître la douleur physique du bébé. « Maladie orpheline » selon l'expression de la pédiatre Annie Gauvain-Piquard, elle n'a été prise en compte en France qu'à partir des années 1990.

Un moi carapace

Cette défense par l'immobilisation installe une chape d'insensibilisation sur la vie psychique qui contient la douleur. Mais elle va venir anesthésier aussi bien des affects déplaisants que ceux qui seraient source de plaisir. Un « *moi-peau*[2] » carapace d'insensibilité se construit et entraîne une réserve, une méfiance, voire une fermeture dans le contact à autrui.

En même temps qu'il se « fond dans le décor », le bébé s'adapte à l'environnement indifférent ou toxique qu'il normalise et banalise en quelque sorte.

1. A. Gauvain-Piquard, *La Douleur de l'enfant*, Paris, Calmann-Lévy, 1993.
2. D. Anzieu, *op. cit.*

Devenu adulte, l'intéressé ne peut pas avoir conscience de cette insensibilité qui fonctionne assez parfaitement pour l'empêcher de souffrir. « Il est dans sa bulle » dit-on de lui. Pour lui, « sa bulle », il ne la voit pas, elle est son monde habituel !

Souvent, la rencontre amoureuse ouvre une brèche dans ce système défensif : le partenaire, en interrogeant l'insensibilité de l'être aimé, peut provoquer une prise de conscience de ses stratégies défensives. Elle ouvre au long apprentissage de la différenciation entre douleur et plaisir, dans la relation à l'autre : ce que Jung qualifie de « *fonction sentiment* » qui soutient la capacité d'évaluer la différence entre les bonnes expériences affectives de celles qui sont mauvaises[1].

On connaît des personnes qui nous transmettent leurs drames douloureux sans manifester la moindre émotion. Tout se passe comme si elles parlaient de quelqu'un d'autre en parlant d'elles-mêmes.

À quoi bon ?

Adrien s'étonne que l'on puisse s'intéresser à lui, il ne comprend sincèrement pas pourquoi. Il se demande s'il n'a pas mis en place une stratégie d'imposture qui pourrait leurrer son entourage. Quand il accepte enfin de ressentir la chaleur de l'amitié qu'on lui adresse, il a peur... de ne pas être à la hauteur, de ne pas savoir comment faire vivre ce lien... Mais aussi et surtout, il a peur de s'y engager puisque de toute façon « un jour ça s'arrêtera » !

Pour Adrien, le *pattern* du lien se représente d'abord sous forme de rupture. L'idée de *pattern* vient de l'observation animale : dans une

1. C. Bourreille, *Types psychologiques et processus d'individuation*, Paris, Le Martin-pêcheur/Domaine jungien, 2013.

même situation, l'animal adopte de façon systématique, le même comportement.

Au niveau humain, Jung utilise le terme de « *pattern of behaviour* », pour décrire les modèles de comportement utilisés par les humains depuis la nuit des temps et dans des cultures très éloignées pour répondre à des situations comparables. Par exemple, de tout temps et en tous lieux, les humains se sont donné des rites funéraires pour encadrer la mort, c'est un *pattern*.

Les bébés difficiles

Une manœuvre défensive du bébé mise en place précocement peut être qualifiée de « rébellion ».

Il s'agit de défenses qui s'installent activement pour permettre au bébé de se sentir vivant dans un environnement quasiment mort. Il s'agite beaucoup, hurle facilement, il semble insatiable, s'endort difficilement, bref ce bébé est très demandeur. Il fait sentir que rien ne lui va « suffisamment bien » pour qu'il puisse baisser la garde et s'abandonner à la sécurité maternelle.

Sur la photo on remarque son regard inquisiteur, sa posture tendue. Souvent il bascule la tête un peu en arrière pour ne pas être trop près du visage de la personne qui le porte dans ses bras !

Ce bébé-là est vite qualifié « d'enfant difficile », puis de « petit monstre » avant de devenir le « tyran domestique[1] » qui va terroriser tout le monde par la suite.

1. A. Ciccone, « Les enfants qui poussent à bout. Logiques du lien tyrannique », in *Psychanalyse du lien tyrannique*, dir., A. Ciccone, Paris, Dunod, 2003.

La vie que l'on offre à ce bébé ne lui va pas, et il souffre, c'est certain ! Bien souvent on va lui attribuer des « traits de caractère » qui permettent d'éviter de se poser des questions sur sa souffrance ! Si on lui trouve des ressemblances avec la tante un peu folle ou le cousin caractériel, alors l'hérédité est son destin contre lequel on est impuissants !

Albert Ciccone évoque l'idée que très précocement le bébé lutte contre ce que l'on veut lui faire endosser, en quoi il ne se retrouve pas :

« Le symptôme développé par un enfant peut ainsi souvent s'envisager comme le témoin d'une transmission, mais aussi comme le témoin de la façon dont l'enfant lutte contre l'héritage transmis, se débat avec l'héritage, avec le fantasme transmis[1]. »

Que deviennent ces bébés rebelles à l'âge adulte ? Ils ont souvent une conscience très développée de ce qui leur va et de ce qui ne leur va pas. Ils sont rodés à savoir dire « Non ». Mais si l'évaluation est souvent juste, la manière de le dire est parfois inappropriée.

En effet, leur difficulté à s'identifier à autrui et donc à se mettre à sa place, en fait des êtres souvent rugueux, des écorchés vifs difficiles à aimer.

Leurs modalités relationnelles expriment une forme de désespoir : comme s'ils avaient renoncé depuis longtemps à se considérer comme des personnes aimables.

Alors qu'ils ont du mal à s'accorder dans l'empathie, ils revivent avec autrui la rébellion des premiers temps : ils cherchent à s'imposer en

1. A. Ciccone, *Psychanalyse du lien tyrannique*, *op. cit.*, p. 26.

force, comme s'ils faisaient encore face à une mère « maltraitante » dont ils se sentent incompris. Alors, à leur tour, ils deviennent maltraitants : « Je sens ma colère, c'est comme un puits sans fond : c'est elle qui dirige ma vie... Même dans mes relations amoureuses, elle ne me quitte jamais. Je voudrais la calmer, l'apprivoiser, je suis comme un volcan, toujours prêt à exploser. Comment m'apaiser ? Où trouver un peu de tranquillité ? »

Michel a claqué bruyamment la porte en quittant un entretien professionnel dont dépendait son avenir dans le grand groupe où il est cadre à cause d'un mot qu'il n'a pas supporté : « Vous êtes trop personnel ». Il veut maintenant transformer son « volcan intérieur » en une énergie qui ne détruise pas continuellement ses projets.

Les bébés séducteurs

Il existe une modalité défensive, souvent bien difficile à mettre en évidence qui consiste pour le bébé à « réussir » à soigner sa mère défaillante. Contrairement au bébé ou à l'enfant du « complexe de la mère morte » qui perd le contact avec « la mère de vie », le bébé séducteur adapte sa vie relationnelle précoce à la souffrance de sa mère et découvre très tôt qu'il réussit à la réjouir quand elle déborde de tristesse. Il assure une fonction antidépressive.

Le bébé ou l'enfant stimule et provoque des interactions vivantes qui raniment sa mère avec succès ! Il éprouve une omnipotence bienfaisante qui le lie indéfectiblement à elle.

De la même façon que certains bébés sont capables de s'agiter avec vivacité pour la rassurer, d'autres ont la capacité à faire ressentir à leur mère des émotions qui la réhabilitent et la rassurent dans sa fonction de mère.

Une dynamique relationnelle biaisée se crée pour le bébé : il a du mal à être seul, il a besoin de sentir qu'il séduit, il ne peut accéder à sa tristesse ni à sa frustration. Tout semble lui aller : toujours heureux comme un pantin monté sur ressort.

Adulte, son besoin d'un lien authentique établi dans la réciprocité va affecter sa capacité à dire de vrais « Oui » et « Non ». Comme Romain Gary, qui a été mis en position de faire pour sa mère « tout ce qu'il a pu » pour l'égayer, sans jamais pouvoir dire « Non ».

« Un jour, je compris. Ma mère avait déjà soixante ans et moi vingt-quatre, mais parfois son regard cherchait mes yeux avec une tristesse infinie, et je savais bien que dans le soupir qui soulevait sa poitrine, ce n'était pas de moi qu'il s'agissait. Je la laissais faire. Dieu me pardonne, il m'est même arrivé, à l'âge d'homme, de lever exprès les yeux vers la lumière, et de demeurer ainsi, pour l'aider à se souvenir ; j'ai toujours fait pour elle tout ce que j'ai pu[1]. »

Ces blessés de mère semblent parfois nantis d'une indéfectible confiance en eux qui leur permet de faire les clowns : derrière le masque, le clown est triste, mais personne ne s'en aperçoit !

Construire un sens à son histoire d'enfant

Comment s'est vécue la relation entre la mère et son bébé est une histoire dont bien souvent les adultes n'ont aucune idée, sauf à se référer à ce que dit le roman familial.

1. R. Gary, *op. cit.*, p. 68.

Pourtant, devant l'histoire, le travail d'analyse permettra de reconstituer une trame donnant du sens à des émotions éprouvées aujourd'hui.

Leur but est d'activer des images de différenciation et de réappropriation. Différenciation des conflits psychiques non résolus par les générations précédentes et qui embolisent l'espace psychique.

Le travail d'analyse n'est pas fondé sur la recherche de « revécus » primordiaux en tant que tels. Il s'agit bien plus de reconstituer notre histoire reliée à nos expériences conscientes et inconscientes d'aujourd'hui ; cette histoire, que Jung appelle « *mon mythe*[1] », est en perpétuel réajustement, en fonction du rapport vivant que l'on instaure avec soi-même.

Comment savoir qui je suis ?

Sébastien est un cadre supérieur d'une cinquantaine d'années. Il vient en analyse quand enfin il accepte de reconnaître que sa vie n'est pas épanouie. Une de ses nombreuses « ex », en le quittant, à la fin d'une relation qui s'est effilochée sans conflit, sans paroles, mais surtout sans émotions partagées, lui a conseillé de voir un psy.

Sébastien n'arrive pas à établir de liens stables et malgré un parcours qualifiant, il stagne sur le plan professionnel.

À son écoute, on comprend qu'il ne se connaît pas, ne s'aime pas et surtout qu'il formule le fantasme d'être quelqu'un d'autre, qui aurait femme, argent, maison, enfants. Il se représente comme celui qu'il croit devoir être, beaucoup plus facilement que comme celui en qui il pourrait se reconnaître, vraiment.

1. C. G. Jung, *Ma vie. Souvenirs, rêves et pensées*, Paris, Gallimard, 1968.

Quand il réfléchit à ce qui aurait pu le faire devenir comme il est, il ne sait pas. Il n'a jamais vraiment pensé à son histoire. Il a l'impression qu'il a vécu dans une famille sans histoire, du moins, on n'en parle pas, on ne se parle pas.

Selon lui, ses frères ont réussi leur vie, parce qu'ils ont ce que lui-même rêve d'avoir. Lui, a l'impression de n'avoir jamais rien choisi. L'école d'ingénieur ne l'intéressait pas : « Mais rien ne m'intéressait vraiment. Alors quand mon père m'a dit que je devrais faire cette école parce qu'un de mes oncles l'avait faite, j'ai été soulagé. Enfin, j'avais une voie qui se dessinait, mais ça ne me correspondait pas… J'y suis quand même allé, parce que je ne savais pas ce qui me correspondait ! »

Être ou avoir ?

Il est frappant quand on écoute Sébastien parler de lui, de repérer la place envahissante du sentiment de manque, qui le renvoie à une dimension « d'avoir » bien plus que « d'être ».

Pour le moment, il ne peut attribuer ce manque qu'aux « signes extérieurs de normalité » qu'il estime qu'il devrait posséder à son âge et compte tenu de son origine sociale. Le manque d'une compagne est vécu par lui comme une anomalie incompréhensible par rapport à tous ses collègues qui « ont » une femme et des enfants bien visibles dans la vitrine sociale qu'est la vie.

Sébastien n'est pas conscient qu'il lui a surtout manqué d'être reconnu dans un lien vivant, comme une personne à part entière, porteuse de valeurs familiales et d'un potentiel de réalisation future lui appartenant en propre. Il a beaucoup fréquenté des clubs de vacances pour « rencontrer l'âme sœur » comme il dit. Mais le spectacle du bonheur des autres lui est désormais insupportable et il se replie chez lui face à sa télévision, le verre de whisky à la main… presque tous les soirs.

Le non-vécu qui demande à être reconnu

> *« Alors, la tête enfouie dans ses bras, Suzanne ne faisait plus que se protéger patiemment. Elle oubliait que cette force venait de sa mère et la subissait comme elle avait subi celle du vent, des vagues, une force impersonnelle*[1]. »

L'analyse l'oblige à entrer profondément dans son monde intérieur, à la découverte de ce qui n'a pas été vécu et demande à l'être. Il est surpris quand il s'entend dire des choses qu'il n'avait jamais pensées, il est étonné, mais ça l'intéresse. Au début de son analyse, il fait ce rêve qui n'a cessé de le faire réfléchir pendant de nombreuses séances :

J'étais dans la maison de mes parents. Sous la table de la cuisine il y avait un grand panier, quand je m'approchais pour regarder ce qu'il contenait, je voyais de très jolis chatons de quelques jours, lovés les uns contre les autres. J'étais étonné de les trouver là : ma mère n'aimant pas les animaux domestiques. Je ne voyais pas non plus de mère chatte dans les parages.

Je pensais qu'ils dormaient. J'avais envie de les caresser. J'hésitais à les réveiller, alors je les regardais avec émerveillement. Ils étaient vraiment attendrissants. Pour finir, je me décidais à approcher la main pour les caresser. À ma grande stupeur, je sentais leurs petits corps froids et raides, et j'étais obligé de comprendre qu'ils étaient morts.

1. M. Duras, *Un barrage contre le Pacifique*, Paris, Gallimard, coll. « Folio », 1978, p. 137.

Je me suis réveillé terrifié en me demandant comment je pouvais ne pas avoir pressenti qu'ils étaient morts. Je me demandais aussi ce que ces petits cadavres faisaient dans la cuisine de ma mère. Et bien sûr, de quoi ils avaient bien pu mourir... Autrement dit, qui avait bien pu les tuer ?

Ce rêve ouvre un large questionnement sur la nature des liens « cuisinés » par sa mère.

L'approche jungienne du rêve nous incite à rester au plus près des images. Jung rappelle que l'inconscient ne travestit pas ce qu'il a à nous dire : il faut l'entendre dans l'ici et maintenant de notre vie consciente. Le travail jungien sur les rêves[1] n'utilise pas l'association libre, comme le fait la technique d'analyse freudienne. Il est plutôt fondé sur l'approfondissement et l'amplification des mouvements dynamiques qui animent le scénario du rêve, tel que la mémoire le reconstitue. Ces mouvements signalent l'inattendu, parfois l'inconnu que le conscient doit s'efforcer de reconnaître pour l'intégrer à la personnalité, en vue d'une plus grande « entièreté ».

Pour Sébastien, le rêve l'interroge sur plusieurs axes :

- la mort qui se confond avec les apparences de la vie ;
- les bébés morts ;
- les bébés qui n'ont pas de mère ;
- la cuisine de sa mère où il rencontre une expérience de mort qu'il confond avec la vie.

1. C. G. Jung, *L'Homme à la découverte de son âme*, trad. R. Cahen, Paris, Payot, coll. « Petite Bibliothèque Payot », 1962, p. 197 et suivantes.

Le temps d'intégration

Au début de son analyse, Sébastien pensait qu'il avait été bien élevé par des parents qui lui avaient inculqué les bonnes manières et fait faire de bonnes études. Mais quand il commence à explorer le dessous de la table de la cuisine maternelle dont parle son rêve, il découvre progressivement une tout autre réalité.

Le sens profond de son rêve met Sébastien face à ce qu'il n'avait jamais osé se représenter : sous les apparences *cosy* de sa famille, régnait une atmosphère froide, « un silence mortel ». De quel cadavre enfoui dans les placards du refoulement familial s'agit-il ? Voilà la question que Sébastien ose alors se poser.

Au cours de l'analyse, cette réalité nouvelle vient contredire l'aspect lisse qui dominait le récit de son enfance.

Aujourd'hui, il doit approcher de manière progressive la froideur qui a marqué son monde intérieur. Pour cela, un temps d'intégration est nécessaire pour que s'opère la transformation profonde ; on est loin d'une nouvelle et simple interprétation intellectuelle de son histoire personnelle.

Le travail d'analyse entraîne Sébastien à rester en contact psychique avec la scène des chats dans la cuisine pour accueillir ces « *visiteurs*[1] » intérieurs chargés d'émotions mortifères, et enfouis dans le refoulement familial. Les reconnaître pour s'en différencier consciemment. Il n'y aura pas de « déclic », pas de secret de famille révélé

1. A. de Mijolla, *Les Visiteurs du moi*, Paris, Les Belles Lettres, 2003.

avec tambours et trompettes : il y a seulement la capacité de Sébastien à accepter de voir ce qui se cachait derrière ses rêves de famille « comme les autres ».

Il reconnaît en lui des contenus inconscients qui relèvent du monde des vivants, pour les différencier des petits chats de la mère qui nécessitent d'être rituellement inhumés.

Un passé toujours présent

Au cours des séances, Sébastien peut enfin relier ses souvenirs d'enfant à des « revécus » douloureux comme aux sensations qu'éveille en lui l'image des chatons froids et raidis dans le panier. Il prend conscience que face à une mère froide et raide, lui aussi se découvre froid et raide, sous les apparences tranquilles et rassurantes que cherche à donner l'adulte bien élevé en lui.

Il commence à réaliser que sa capacité à ressentir, mais également à aimer comme à détester, a été lentement anesthésiée. Il est devenu, selon ses mots : « Un homme emprisonné dans une couche isolante. Ma laine de roche m'empêche aujourd'hui de sentir le froid... comme le chaud », ajoute-t-il en hésitant.

Une carapace défensive s'est mise en place pour assurer une protection contre l'inaffectivité : une capacité psychique a créé cette solution pour protéger la part essentielle de l'organisateur de la vie psychique, que Jung nomme le « *soi* ».

Le soi crée ses propres défenses quand il ne trouve pas dans l'environnement affectif la sécurité pour protéger la fragilité psychique et physique du tout-petit. Physiquement, le bébé reprend des positions fœtales comme pour retrouver l'enveloppement d'un placenta perdu.

Psychiquement, le soi oppose une barrière protectrice, qui met le bébé à l'abri soit dans le retrait, soit dans la lutte.

Pour Jeanette Winterson cette barrière devient « calcifications » à l'âge adulte, en référence à leur inutile durcissement.

« Je veux aimer comme il faut. Je repense à ces deux dernières années et à mes efforts pour dissoudre les calcifications qui se sont formées autour de mon cœur[1]. »

Dé-composer et dé-construire

Souvent, on croit que l'efficacité de l'analyse réside dans le fait de se raconter et qu'il en découlera forcément une transformation parce que les choses auront été dites. Non, comme l'indique son étymologie, l'analyse est une décomposition. C'est-à-dire qu'il s'agit de se séparer de quelque chose qui faisait corps avec nous – Jung utilise le vocabulaire alchimique[2] et parle du processus de *putrefactio* –, pour recomposer une position psychique renouvelée qui implique aussi d'accepter de sacrifier les illusions infantiles[3].

1. J. Winterson, *op. cit.*, p. 218.
2. « Le Génie alchimique », in *Cahiers jungiens de psychanalyse*, n° 121, 2007.
3. E. G. Humbert, *L'Homme aux prises avec l'inconscient*, *op. cit.*

Chapitre 11

La maladie d'idéal

Curieuse idée que de faire une « maladie » de cet idéal qui nous attire toujours plus haut, plus loin, vers le beau, le bon, la perfection ! Et pourtant, dans la sonorité même du mot, on entend qu'il s'agit d'une « idée » portée à son apogée. L'être incarné que nous sommes, dans ses pleins et ses vides n'y est pas vivant. Et c'est normal, car, quand l'idéal est inconsciemment investi comme visée exclusive, s'ouvre en même temps la prison du perfectionnisme rigide, qui isole de la chaleur d'une humanité généreusement vécue.

L'idéal se conjugue au conditionnel : il pose en effet comme condition d'effacer l'être que nous sommes dans notre ici et maintenant, avec nos qualités et nos défauts… L'idéal nous projette dans une dimension de fiction, nous empêchant de nous apprécier à notre juste valeur. Au final, l'idéal nous fait terriblement souffrir, car, si nous sommes possédés par ses exigences, il ne nous procure rien d'autre que de la mésestime de nous-mêmes et de la vie, car bien évidemment, nous n'atteignons jamais le niveau de perfection imaginaire dans lequel il nous a propulsés !

Je cherche désespérément...

Comment comprendre que les adultes blessés de mère puissent être habités par des exigences aussi précises et absolues en matière de relation aux autres ? En effet, on remarque chez eux qu'ils anticipent la rencontre dans une fantasmatique extrêmement élaborée, et ceci bien au-delà des rêveries adolescentes qui construisent le portrait-robot de « l'idole » qui les aimera.

Exprimant ces exigences, ils paraissent avoir une connaissance objective de leurs besoins affectifs. Les thérapeutes y voient l'exacte réplique de la recherche de satisfaction des besoins relationnels qui ont manqué au bébé qu'ils ont été. Voilà ce qui leur permet de dessiner le portrait physique et moral du partenaire idéal : il s'agit de l'image archétypique de celui(celle), qui est bon(ne) et fort(e), et prend soin d'un être faible et démuni, comme l'est un bébé.

Les thérapeutes entendent alors qu'il s'agit d'une projection dans l'avenir adulte de besoins très anciens. Les fantasmes fusionnels alimentent cette recherche de rencontre. La sexualité se représente dans une perspective de tendre contenance plus que comme une expérience relationnelle de laisser advenir un plaisir partagé et partageable.

Quand la relation parvient à se nouer, les angoisses d'abandon peuvent surgir et même déborder, ce qui s'explique par l'immaturité psychique des partenaires. Une exigence de présence inconditionnelle se fait jour. Les premiers mois, la mère a aussi vécu avec son bébé dans cette même tension émotionnelle, c'est-à-dire d'un lien inconditionnel ; elle se relâchera au fur et à mesure de leur croissance psychique les menant vers plus d'autonomie réciproque.

L'idéal et la trahison

Dans cette perspective, on remarque également que le manque mobilise activement les blessés de mère : ils sont sourds et aveugles pour ressentir l'amour qu'ils reçoivent. D'une part, la prégnance du modèle idéal les empêche de percevoir la singularité de l'expression amoureuse de leur partenaire. D'autre part, la prégnance de l'expérience de la carence vécue dans l'enfance les met en alerte au moindre signal de distance de l'autre, qui devient alors intolérable.

À les entendre ils sont plus authentiquement touchés par ce qu'ils considèrent être les défaillances amoureuses du partenaire que par le bien-être émotionnel dans le lien. Comme s'il leur fallait – là aussi – rester inconsciemment fidèles à cette défaillance primordiale qui en a fait des blessés de mère : en effet, l'accès au bonheur serait aussi une trahison de la mère défaillante des origines.

Quant à savoir si l'autre est investi pour lui-même et non pour le seul amour qu'il pourrait prodiguer : la question ne se pose même pas !

Cette situation affective n'est pas infantile car elle n'est pas la résultante d'une régression psychique. Elle est le reflet d'une croissance qui reste en devenir, à condition que l'on accepte de le reconnaître. Les couples aux prises avec ces difficultés ont besoin d'accepter d'avancer ensemble pour évoluer à partir d'une histoire personnelle pleine de lacunes vers une expérience d'adultes en transformation, capables de se parler et de prendre soin ensemble de leur couple[1].

L'idéal rigidifie les perceptions

Aujourd'hui, les énoncés sur les sites dits « de rencontre » montrent que les postulants ne cherchent pas la surprise, ni l'inattendu : ils cherchent « le bon profil ». Or, l'expérience révèle que bien heureusement la rencontre amoureuse est pleine de mystère qui échappe au CV, aussi intelligent soit-il !

On ne peut qu'être frappés de recevoir dans nos cabinets des êtres en grande difficulté relationnelle, dont une part de la souffrance est liée au fait qu'ils sont habités par un appel de l'idéal d'autant plus puissant qu'il leur est totalement inconscient.

Cet idéal se manifeste par des positions de certitude quant à leurs besoins relationnels et à leurs conditions de réalisation.

Pas de Belle au bois dormant au supermarché

Hubert cherche désespérément à « rencontrer quelqu'un » comme on dit aujourd'hui. Après une grosse journée de travail, il se précipite au supermarché où il fait habituellement ses courses. La fermeture s'annonce pour dans quelques minutes. À la caisse, c'est la bousculade... Une jeune femme avenante et pleine d'humour lui propose de passer « ensemble » leurs tristes tranches de jambon de célibataires pour libérer plus vite la caissière, puis de « s'arranger ensuite » comme elle dit en souriant...

1. « Le Couple et son ombre », in *Cahiers jungiens de psychanalyse*, n° 97, 2000.

Hubert refuse sèchement la proposition, car il pense immédiatement que cette femme veut « l'arnaquer » !

Et depuis, tous les soirs, il retourne au même endroit pour essayer de retrouver la belle qu'il se reproche d'avoir bêtement éconduite...

Quand Hubert essaie d'analyser ce qui s'est produit dans ce moment de fermeture (de lui-même comme du magasin !), il assure que dans notre société « les femmes ne draguent pas les hommes » et que si jamais elles le faisaient, il aurait l'assurance qu'il s'agirait de « femmes de mauvaise vie » ! Ce disant, Hubert éclate de rire : « Celui-là dans mon for intérieur, je ne vois vraiment pas d'où il sort ! »

Surpris, Hubert découvre son incapacité à ressentir la fraîcheur et l'humour de cette femme autrement que dans un registre agressivement sexuel. Il s'en étonne, lui dont la vie sexuelle est si pauvre dans les faits mais tellement romantique dans ses fantasmes. Et si cet écart entre ces extrêmes était à l'origine de sa peur de s'avancer vers l'autre ou même de lui répondre ?

L'analyse de cette anecdote lui permet d'accéder à sa difficulté à ressentir la bienveillance ludique que comportait la situation.

D'un côté, Hubert est avide de rencontres mais celles qui se présentent ne sont jamais à l'image de ce qu'il a déjà construit dans son fantasme où il se voit en chevalier, venant au secours d'une femme d'une immense beauté, attaquée par des voyous !

Et même quand des images presque idéales se présentent, il ne peut s'en saisir, parce que ça se passe au supermarché, et non dans le château de la Belle au bois dormant !

Que manquait-il à Hubert pour vivre cette situation sur le mode ludique qu'elle imposait ?

De l'humour, dirait-on… mais pas seulement !

La trace ancienne de l'archétype

Comment comprendre que l'expérience vécue d'une relation à une mère défaillante puisse ouvrir à l'idéal un champ aussi large et actif, pavé d'exigences psychiques tellement puissantes qu'elles en deviennent persécutrices ?

Contrairement à ce que l'on imagine souvent, l'opposé psychique de l'idéal n'est pas le réel, mais bien l'annulation. L'appareil psychique active des représentations idéales pour se défendre contre l'angoisse générée par les représentations de soi d'insignifiance, d'inexistence. « L'idéal pour moi serait de réussir ma carrière de chanteuse. Tout le monde saurait qui je suis et enfin je me sentirai exister… », dit Tania, adolescente en grandes difficultés familiales et relationnelles. Des éducateurs l'accompagnent dans un parcours de rescolarisation et de resocialisation, sur fond d'alcoolisation et de conduites à risques. Ses parents ont disparu dans la toxicomanie. Une précision : Tania n'a jamais chanté, ni même appris à le faire.

De la Grande Mère archétypique à la mère personnelle ordinaire

De par sa disposition psychique, la mère personnelle offre au bébé l'ouverture suffisante pour activer entre eux la dimension archétypique. Elle supporte d'être à la fois merveilleuse et terrifiante, aimante et potentiellement meurtrière. Sa disponibilité psychique permet alors au bébé de faire progressivement sa connaissance dans sa dimension ordinaire et « suffisamment bonne ». Il fait, dans le même mouvement, connaissance avec lui-même.

On pourrait paraphraser Winnicott en disant que la relation à sa mère permet au bébé de se sentir à son tour « suffisamment bon ». La mère réelle aide le bébé, puis l'enfant, à accepter que l'existence n'est pas gouvernée par les hautes intensités du « tout ou rien » – magique ou diabolique – de l'énergie archétypique.

La mère lui apprend à faire des compromis avec les exigences radicales, la différence entre le bon et le mauvais, le doux et le dur, la présence et l'absence. Le langage sert de médiateur et permet de partager un sens avec l'enfant qui s'intègre dans une communauté familiale.

Ce processus est totalement inconscient, il est le résultat de la relation de maternage des débuts de la vie.

L'autodéfense est toujours rigide

La fonction vivante et protectrice assumée par la mère ou son tenant lieu est ainsi, parfois, remplacée par un système d'autodéfense psychorigide. Comme l'appareil psychique du bébé est encore immature, les défenses que le soi met en place sont archaïques, c'est-à-dire qu'elles fonctionnent en tout ou rien, sans nuances, sans compromis possible. Elles provoquent alors le retrait du bébé dans une « bulle » qui l'isole du monde externe, enfermé soit dans la détresse exprimée, soit dans un calme également inquiétant : sur le plan relationnel, il devient inatteignable.

Quand ce bébé devient adulte, ayant appris très tôt à se couper de ses ressentis, il est comme étranger à ce qui se passe autour de lui, comme en lui[1]. Dans cette anesthésie protectrice, il n'y a pas d'espace psychique pour accueillir l'émotion, (étymologiquement, le « mouvement ») que provoque l'autre en soi.

En termes techniques ce que l'on appelle « identification » à l'autre, à savoir la capacité de reconnaître l'autre comme quelqu'un d'« identique à soi », est sous-développée.

Instaurer en soi les représentations d'un autre bienveillant, amical, empathique : se connaître dans cette capacité à vivre l'altérité sera difficile à réaliser. Au contraire, et bien souvent, l'autre est ressenti non seulement comme un étranger dont il faut se méfier, mais il provoque aussi une froide hostilité de principe, avant toute rencontre.

Il s'agit d'une stratégie inconsciente de protection contre une souffrance bien plus profonde et bien plus ancienne que celle vécue dans l'ici et maintenant.

Sur le versant du retrait, ce comportement peut être interprété comme un trait de caractère. Parfois, on dit même de ces bébés qu'ils sont formidablement sages, et de ces adultes, qu'ils sont zen et supportent tout ! Leur souffrance est, en effet, difficilement imaginable pour autrui.

Sur le versant de l'hostilité envers l'autre, on voit se dessiner ce qui va faire le lit des défenses paranoïaques : ne pouvant pas rencontrer « l'autre » de façon sécurisée, on lui attribue fantasmatiquement des intentions agressives à notre égard, avant même de le connaître ! On le sait, la meilleure défense, c'est l'attaque !

1. G. Guy-Gillet, « Il était une fois le soi », *Cahiers jungiens de psychanalyse*, n° 76, printemps 1993, p. 24. *La Blessure de Narcisse*, Paris, Albin Michel, 1994.

Anesthésié des sensations

Mais il faut également considérer que ce retrait empêche de ressentir les expériences de chaleur et d'échanges bienfaisants. Le sentiment d'être soi, d'être un sujet occupant une place singulière dans le cœur de la mère et de la famille, n'a pas été suffisamment continu pour pouvoir être intériorisé et ensuite projeté sur le monde environnant. Dans le retrait psychique, avec ses formes de timidité, inhibition, blocage ou bien dans les défenses paranoïaques, il faut voir, que malgré les apparences, le sujet se sent horriblement seul, dans une souffrance indicible, parce que irreprésentable.

À l'âge adulte, ces défenses érodent le sentiment d'être soi, en provoquant une forme d'anesthésie sensorielle qui va devenir relationnelle. Les situations nouvelles ou inattendues font émerger des sentiments de confusion entre soi et l'autre. Au doute existentiel décrit précédemment, vient s'ajouter son corollaire : l'immense doute quant à l'attitude juste à adopter vis-à-vis de l'autre.

Le gel affectif

Marie observe : « Je n'ose pas prendre la main de mon ami quand on marche dans la rue : j'ai l'impression d'en avoir envie, mais quelque chose me retient. Est-ce que ça va lui plaire ? Est-ce que je vais être ridicule ? Dans ces moments-là, j'ai l'impression que tout le monde a les yeux braqués sur moi, alors que je sais bien rationnellement que c'est faux. »

L'expérience relationnelle de Marie s'est construite en solitaire : de familles d'accueil en foyers de l'enfance, elle s'est barricadée dans une forme de gel affectif qui lui a permis de survivre. Aujourd'hui, à cause de ses difficultés relationnelles avec l'homme qu'elle aime, elle a entrepris un travail sur elle-même. De même, face à une interaction avec quelqu'un, elle ne peut que se taire ou exploser !

« J'ai un mal fou à ne pas réagir du tac au tac quand je me sens agressée... Et alors ça peut prendre des dimensions complètement démesurées, je crie, je pleure, bref, je me ridiculise et personne n'y comprend rien... Donc je me terre dans mon trou, en silence, mais enragée ! »

Pour d'autres, des images convenues issues de la presse grand public vont venir compenser les manques d'un engagement subjectif maternel des premières relations : tout se passe comme si la psyché, toujours en attente de modèles de relation, allait les chercher dans les histoires d'amour des héros de notre temps, les acteurs, chanteurs et autres personnes en vue. Ce serait les contes de fées modernes qui viendraient prendre la fonction des histoires que l'on raconte le soir aux enfants, pour leur apprendre les grands faits de la vie : le bien, le mal, la vie et la mort.

Ces valeurs artificielles, faites d'images de réussite sociale et amoureuse, vont animer le projet de vie de Sébastien (voir page 147). Il croit encore au mythe de la famille Ricoré® qui se réveille le matin en chantant dans un décor champêtre ! Sauf qu'il n'y parvient pas et qu'il pense alors qu'il est coupable de ne pas savoir y faire !

Un espace inconnu

Quand il renonce peu à peu aux images de magazine qui auraient pu illustrer la vie qu'il croyait devoir vivre, Sébastien ressent qu'un espace inconnu s'ouvre en lui. Quand les images convenues de la réussite selon les normes collectives ne lui servent plus d'appui pour se représenter lui-même dans le monde, il découvre que ses vrais ressentis le précipitent dans des questions qu'il ne s'était jamais posées. Et ce n'est pas sans une certaine angoisse. Il pourra analyser que la fidélité à celui qu'il était est tellement ancrée en lui qu'il craint maintenant en s'ouvrant aux autres, de se trahir lui-même : « Je me sens comme un naufragé involontaire qui regagnerait la terre ferme un siècle après... J'ai tant de choses à apprendre... »

Qu'est-ce que j'aime authentiquement, qu'est-ce que je n'aime pas ? Qu'est-ce qui me fait vraiment plaisir ? Comment savoir si l'autre éprouve les mêmes choses que moi ? Est-ce qu'il n'est pas trop tard ? Sébastien a besoin de « savoir » quand il n'a pas confiance dans ce qu'il ressent… Il rêve qu'il passe un oral d'examen.

« C'est une femme qui ressemble à ma mère qui m'interroge. Je fais plusieurs tentatives dans différentes langues pour me faire comprendre d'elle. Je n'arrive pas à capter son attention, l'angoisse monte. Je lui tends ma carte d'identité pour qu'elle m'inscrive sur son listing. Mais en fait de carte d'identité, je m'aperçois que c'est un prospectus avec des petites formes rondes et rouges qui me font penser aux fromages Babybel® que je mangeais quand j'étais petit ! »

Quand Sébastien prend la mesure des tentatives que fait son inconscient pour essayer de se faire reconnaître de cette figure maternelle représentée dans le rêve sous la forme d'un jury d'examen, il est bouleversé. Il se demande si la cire malléable des petits fromages avec laquelle, enfant, il aimait jouer en guise de pâte à modeler, ne représente pas la manière dont il a été « formaté », formatage qu'il demande encore aujourd'hui à ses partenaires féminines d'exercer sur lui.

Il se souvient en effet que ses « ex » lui ont un peu toutes reproché la même chose : son manque d'initiative, sa peur de l'inconnu, sa difficulté à affronter les conflits, sa naïveté quand il croit qu'il y a des comportements à connaître à l'avance pour que la relation marche bien, sa sexualité sans désir… Bref, son manque de personnalité qu'il demandait à l'autre de lui révéler afin de pouvoir s'y modeler.

Quand la mère personnelle vient à manquer

Lorsque l'ouverture psychique de la mère est entravée par ses problèmes personnels, l'identification progressive du bébé à la dimension de mère ordinaire – « suffisamment bonne » – sera lacunaire. L'ajustement en lui des intensités extrêmes de l'archétype n'aura pas lieu. Leurs énergies ne seront pas suffisamment démystifiées dans et par une mère réelle incarnée. Le projet de faire advenir de l'humain ordinaire reste en jachère. Reste alors le merveilleux ou l'horreur.

Les énergies de l'archétype vont continuer leur recherche d'un sujet humain sur qui se projeter pour réaliser le projet psychique resté inaccompli.

Mais le temps de la première enfance est passé et la projection des hautes intensités archétypiques entre la mère et l'enfant est un *pattern* spécifique au premier âge qui ne peut se revivre avec les mêmes exigences dans la relation adulte.

C'est la raison pour laquelle cette recherche archétypique va colorer d'idéal les représentations liées à la relation, en particulier amoureuse.

Le oui et le non

Pour certains, cette coloration archétypique de l'idéal va empêcher de ressentir l'ordinaire de la vie, mais aussi d'exprimer de vrais désirs articulés à de vrais besoins. Incapables de dire « Non », ils se soumettent à une tyrannie inconsciente d'être toujours le bon enfant qui cherche à mériter l'amour de la mère. Dire « Non » ce serait répéter le mal qu'on leur a fait dans l'enfance et donc faire mal à l'autre.

Mais d'un autre côté, dire « Non » serait aussi trahir la soumission qu'ils ont été contraints de mettre en place pour se faire aimer d'une mère non-mère. Ces enfants du « Oui » soumis au désir de l'autre deviennent des adultes disponibles et apparemment aimants, que l'on pourrait aussi considérer comme se rendant volontiers taillables et corvéables à merci.

« Je ne dis pas qu'il faut empêcher les mères d'aimer leurs petits. Je dis simplement qu'il vaut mieux que les mères aient encore quelqu'un d'autre à aimer. Si ma mère avait eu un amant, je n'aurais pas passé ma vie à mourir de soif auprès de chaque fontaine[1]. »

Ils croient disparaître en disant « Non ! » Jusqu'au moment où quelque chose, ou quelqu'un, vient enrayer la mécanique réparatrice et leur fait entrevoir la servitude non volontaire dans laquelle ils sont engagés. S'ouvre alors le champ d'expériences inconnues et génératrices d'un nouveau sentiment d'être soi à partager avec d'autres. Cela ne va pas sans angoisses et culpabilité à abandonner les représentations de soi qui étaient impliquées dans une réparation inconsciente sans fin.

1. R. Gary, *op. cit.*, p. 38.

Chapitre 12

Faire l'expérience de l'altérité

« L'idée d'expérience comme traversée se sépare mal, au niveau étymologique et sémantique de celle de risque. L'expérience est au départ, et fondamentalement sans doute, une mise en danger[1]. »

Comme humains, nous sommes des mammifères sociaux : tout pourrait porter à croire que le contact avec l'autre nous est naturel, comme le manger et le boire. Mais non : l'autre nous est à la fois étranger et familier !

Étranger, car à son contact nous réalisons – c'est-à-dire que nous rendons réelle – notre différence (qui nous sommes et qui nous ne sommes pas) et notre ressemblance. L'autre est aussi un miroir qui nous renvoie à nous-mêmes. Faire l'expérience de l'altérité c'est d'abord « faire », fabriquer, façonner les premiers contours d'une

1. P. Lacoue-Labarthe, *La Poésie comme expérience.* Paris, Christian Bourgois, 1997, p. 30, cité in Fabio Landa, *Éditorial*, Le Coq-Héron, 2/2007, n° 189, p. 78.

rencontre. Et nous savons bien que la tonalité des premiers échanges est souvent ce qui va imprimer assez définitivement un devenir à ce nouveau lien.

Faire l'expérience de l'altérité met à l'épreuve la stabilité d'être soi : jusqu'où ma rencontre avec l'autre peut-elle me mettre en question, m'ébranler dans mes certitudes, m'influencer, jusqu'à me braquer dans ma rigidité fermée ? Quel espace s'ouvre en moi dans l'accueil de l'autre, pour me laisser vivre une transformation, pour en faire un événement d'échange émotionnel, voire affectif ?

À la découverte de son vrai soi

Le travail d'analyse permet à Sébastien de découvrir qu'il a été « programmé » pour réaliser ce que sa mère voulait qu'il devienne, à savoir une sorte de clone d'elle-même. Il accepte enfin de ressentir qu'il a grandi dans un espace relationnel où il fallait correspondre le plus exactement possible aux désirs de la mère.

La vie affective familiale n'était organisée que par le projet de réussite, scolaire et sociale, et encore, il fallait qu'il soit conforme aux visions maternelles : le père en était le complice discret.

Le modèle auquel il a été soumis est celui d'une femme, ni féminine, ni maternelle. Comment développer son identité d'homme ? Sébastien a peur d'être homosexuel. Comme s'il s'agissait d'une transgression par rapport aux injonctions maternelles à son égard : être normé, comme dans les images de publicité.

Dans un premier temps, cette injonction est si profondément ancrée en lui qu'il croit que maintenant, sa thérapeute va lui donner de nouvelles directives à suivre, qui lui conviendraient mieux que celles de sa mère ! L'identité reste attachée à des besoins d'enfant : être nourri de petits fromages rouges fabriqués en usine.

Des défenses qui ne nous lâchent pas

On peut se demander pourquoi ces défenses psychiques qui freinent toute avancée sont si difficiles à lâcher, alors que l'on voit bien que, non seulement elles empêchent de vivre, mais qu'en plus le « danger » que représente l'inaffectivité de la mère n'a plus d'actualité à l'âge adulte.

On l'a vu, à cause de l'accueil d'abord inconditionnel du bébé vis-à-vis de son environnement humain – les bébés sont curieux –, l'imprégnation psychique par les contenus inconscients maternels fonctionnera même si la mère n'est pas chaleureuse ni disponible envers son enfant, quelles qu'en soient les raisons. On comprend alors que le bébé va emmagasiner, sans différenciation, des messages froids et distants, comme s'ils étaient chauds et contenants. Ce *pattern* permet d'expliquer la répétition de maltraitance de la part de personnes qui ont été elles-mêmes maltraitées. Pour que des défenses protectrices se mettent en place, il faut que la charge traumatique dépasse les possibilités d'imprégnation du bébé, qui sont grandes. En termes jungiens on pourrait reconnaître là le complexe maternel négatif ; il colonise la psyché du bébé pour survivre et conserver malgré tout le lien à une mère, même « insuffisamment bonne ».

Dans le cas de Sébastien, la froideur distante de sa mère s'est inscrite en lui précocement, pour qu'il se trouve psychiquement syntone[1] avec la figure maternelle, dont il avait besoin. La normalité émotionnelle partagée avec sa mère était faite de froideur et de distance. C'était la condition nécessaire pour se sentir ensemble, et donc, pour l'enfant, garder ce pseudo-amour un tant soit peu sécurisant.

Ce n'est qu'à l'âge adulte et après de nombreuses expériences relationnelles douloureuses que Sébastien peut seulement commencer à interroger les traces de cette froideur en lui.

Ce qui lui a permis de survivre psychiquement à une mère froide l'a aussi mis dans la position d'être le bébé que sa mère pouvait supporter – dans cette famille, pas d'espace pour être différent. Comment quitter cette position à l'âge adulte : elle lui avait permis de sentir tisser des liens – défaillants, insuffisants, certes, mais des liens tout de même –, avec une figure maternelle.

« […] Un enfant qui a acquis une vulnérabilité affective s'oriente vers tout adulte, même s'il ne sourit pas, même s'il le rejette. Il reste près de lui parce qu'il en a besoin, même si l'adulte le repousse. Un tel enfant se sent mieux, mais, ayant perdu son autonomie, il accepte de vivre avec quelqu'un qui ne s'intéresse pas à lui. Devenu adulte, il donnera une forme verbale à ce sentiment imprégné de son enfance et dira : "Regardez d'où je viens, comment voulez-vous qu'on m'aime ? Regardez qui je suis, je vous remercie de me garder près de vous. Merci d'avoir bien voulu m'épouser[2]" ».

La relation thérapeutique est le terrain sur lequel se développe une authentique bienveillance. Le patient n'est pas un « client » comme les autres. Le thérapeute accompagne, pour remettre en mouvement,

1. Dont les sentiments sont en harmonie.
2. B. Cyrulnik, *Sauve-toi la vie t'appelle*, Paris, Odile Jacob, 2012, p. 111.

selon les données de la personnalité du patient, une croissance psychique qui a été freinée ou empêchée. On pourrait voir dans cet accompagnement tolérant et confiant des composantes affectives analogues à la bienveillance de la mère vis-à-vis de son enfant, quand elle le soutient dans son effort pour grandir.

Mais, la relation thérapeutique[1] n'est pas une relation de maternage ; elle a d'abord une fonction de relance énergétique pour le « devenir soi » du patient. Cet échange de bienveillance et de confiance permet également au patient de se détacher un jour de son thérapeute, quand ils décident qu'ils sont allés au bout du chemin qu'ils avaient à parcourir ensemble.

L'expérience humaine du transfert

Que retenir de l'expérience de Sébastien qui pourrait être utile à ses frères et sœurs d'infortune ? Surtout la simplicité avec laquelle il a osé aborder son travail d'analyse. Il n'avait jamais rien lu, ni entendu au sujet de la psychanalyse ; il se lançait dans l'aventure se souvenant que l'amie qui lui avait conseillé cette démarche lui voulait du bien.

Cette approche confiante contrastait avec la dimension apparemment superficielle de ses attentes. Cette confiance montrait encore

1. Cette relation thérapeutique est nommée « transfert » en termes techniques. Elle est active dans les deux sens, d'un patient vers le thérapeute, comme du thérapeute envers le patient. « *Le transfert contient en lui des éléments inconscients qui poussent à l'autonomie du sujet. C'est un processus interactif qui change le patient comme l'analyste et que Jung, pour rendre compte de l'intensité du lien, assimile à une "combinaison" chimique : "Quand deux corps chimiques se combinent, tous deux subissent une altération".* » V. Thibaudier, in A. Agnel *et al.*, *Dictionnaire Jung*, *op. cit.*, entrée *Transfert*, p. 181.

une fois que ce qui n'a pas été suffisamment vécu dans l'enfance peut rester dans l'attente de rencontrer la situation humaine qui permettra à la croissance psychique d'être relancée. Cet aspect créatif de la psyché humaine est qualifié d'« *archétypique* » par Jung : notre équipement humain est destiné à trouver tôt ou tard ses voies de réalisation selon des chemins différents en fonction de notre âge[1] !

La situation humaine dont Sébastien avait manqué dans l'enfance est réactivée dans l'analyse par ce que l'on appelle « transfert » : être accueilli dans la bienveillance, quel que soit son problème, sentir que l'on n'est pas jugé, et surtout vivre l'expérience d'être accompagné dans une rencontre avec soi-même où l'analyste est seulement dans le rôle du « passeur ».

Au-delà de l'expérience de froideur qu'il avait connue avec sa mère, au-delà des relations insatisfaisantes qu'il avait vécues avec ses amies, une belle capacité de rencontre avec lui-même était restée vivante et créative en lui. L'analyste en était seulement le discret révélateur.

L'expérience de notre premier « autre » – à savoir la mère – joue un rôle essentiel dans nos vies : si pour Sébastien elle est marquée par un lien froid et distant à la mère, on verra que pour Sabina, au contraire, c'est l'envahissement conflictuel du lien à la mère, baigné dans une douce chaleur, qui fait obstacle à son ouverture vers de vrais « autres », à savoir l'homme.

Dans son travail d'évolution, chacun aura à s'ouvrir à cette étrangeté risquée dont est porteur l'inconnu psychique.

1. L. von Benedek, *La Crise du milieu de vie : un tournant, une seconde chance*, Eyrolles, 2010.

Quand la rencontre avec l'autre devient possible

Sabina est une jeune femme active. Elle a travaillé dur pour sortir d'une condition familiale difficile : ses parents ont émigré en France avant sa naissance pour donner à leurs enfants un avenir qu'ils n'auraient pas eu dans leur pays d'origine.

Soutenue dans ses études par leur fort et authentique désir de promotion, Sabina s'est construite une personnalité de battante, comme beaucoup de filles de la deuxième ou troisième génération issues de l'immigration.

Elle admire sa mère pour un courage et une ouverture d'esprit qui lui ont permis de chercher à s'intégrer, de s'ouvrir aux différences culturelles de la vie à la française.

L'enfance et l'adolescence de Sabina sont marquées par l'effort qui fait advenir la réussite : pour elle, là se fonde la mémoire de sa vie d'enfant et d'adolescente.

Sabina dit avoir oublié sa fatigue, son isolement, l'impossibilité de jouir de sa vie d'adolescente comme les copines, que « tout cela ne compte pas, car le résultat en vaut vraiment la peine », répète-t-elle inlassablement.

Après coup, elle minimise la contrainte volontaire dans laquelle la situation familiale l'a enfermée. Ce n'est que du bout des lèvres qu'elle peut reconnaître que « ce n'était vraiment pas facile », mais aussitôt elle efface les ombres du passé pour laisser briller son bonheur du présent.

Elle a en effet une très belle situation dans un grand groupe international qui s'occupe de finance. Elle aime son travail et dit s'y épanouir. Elle gagne « très bien » sa vie tout en travaillant plus de dix heures par jour !

Elle s'est installée dans un bel appartement dont elle est propriétaire, et soutient financièrement ses parents, pour améliorer leurs conditions de petits retraités.

Sabina consulte car elle n'arrive pas à « rencontrer quelqu'un ». Elle se demande si quelque chose d'inconnu d'elle – malgré son grand savoir sur la vie – ne l'empêcherait pas de « finaliser », le projet de vie de couple et de vie de famille qui est le sien. Elle s'étonne avec humour : « Je suis belle, intelligente, riche, et personne ne veut de moi ! »

Elle raconte avoir souvent rencontré des hommes à qui elle semblait plaire, mais elle n'en était pas elle-même amoureuse et ses exigences d'authenticité lui ont permis de ne pas s'engager dans ce qu'elle compare à une impasse. Avec une certaine pudeur, elle peut évoquer son plaisir d'être avec un homme, y compris sexuellement. Elle en a fait plusieurs fois l'expérience, comme une sorte de test pour vérifier qu'elle n'est pas homosexuelle et donc que sa recherche d'un compagnon est justifiée.

Le merveilleux lien mère-fille

Sabina et sa mère s'aiment beaucoup. À presque trente ans, elle lui téléphone tous les jours. Sa mère demande alors à Sabina son avis sur ce qu'elle fait, ce qu'elle dit, comment elle s'habille, comment elle voit la vie, bref, mère et fille sont réunies dans une relecture de la vie de la mère dans laquelle Sabina joue les coachs avec bonheur et assiduité.

Sa mère fait ressentir à sa fille la valeur immense de l'expérience et du savoir qu'elle a acquis par ses études et par son poste à haute responsabilité :

« J'ai l'impression que ma mère a besoin que je ne la laisse pas tomber, que je ne fasse pas ma snob, elle a besoin de moi. Et moi j'ai besoin qu'elle ait besoin de moi… J'ai l'impression de lui rendre ce qu'elle n'a pas pu me donner. »

Sabina explore cette situation qui lui semble tellement « normale » et commence à s'interroger : où un éventuel compagnon trouverait-il sa place dans un couple mère-fille tellement soudé ?

Mais qui Sabina cherche-t-elle donc à rencontrer ?

Dans la manière qu'elle a de vouloir vivre une rencontre, Sabina donne la parole au « chasseur de têtes » en elle. Elle parle du compagnon rêvé comme d'un profil idéal pour « le poste » – lapsus qui la fait beaucoup rire, mais qui donne la teneur du plan inconscient.

De sentiment, il n'en est pas question ! Le grand absent est Éros. Sabina semble plutôt être à la recherche d'un collaborateur, d'un témoin et faire-valoir de sa réussite. Mais un alter ego, quelqu'un avec qui partager authentiquement, elle ne sait sincèrement pas ce que cette expérience signifie pour elle, sinon intellectuellement.

Les sentiments font peur, ils freinent la carrière

Ne jamais avoir pleinement vécu ses sentiments est une impression qui apparaîtra à Sabina de plus en plus évidente. L'autre était avant tout un concurrent, soit dangereux, soit sans risque. Mais certainement pas un(une) alter ego, confident(e), ami(e). Sabina se souvient qu'elle rentrait en courant du collège pour que les autres ne lui parlent pas. Elle reconnaît aujourd'hui qu'elle avait peur de les trouver sympathiques et de ne pas pouvoir s'en détacher pour faire ses devoirs.

Tous étaient des concurrents, sauf sa mère qui était à la fois un modèle à suivre, et en même temps quelqu'un à rassurer pour la soulager de la dureté de sa vie. En effet, Sabina prend la mesure de l'inversion des valeurs que sa mère lui fait vivre sur le plan affectif : « Elle me dit toujours que je suis la meilleure, et qu'elle aura toujours besoin de moi pour avancer dans la vie. »

Aujourd'hui, le paradoxe est que la fille se sent en charge « de faire avancer sa mère dans la vie ».

Délicieuse emprise

Comment se détacher du pouvoir que procure cette délicieuse emprise ? Comment libérer un espace de différenciation intérieure quand une mère aussi touchante y a pris ses quartiers, pour ce qui ressemble à l'éternité ? Comment ressentir le manque d'aimer et d'être aimée quand le lien mère-fille semble combler toute frustration ? Pas de crise, pas de divergences de points de vue, Sabina fait état d'un lien sans failles.

Quelle fonction ce lien a-t-il rempli dans la construction de la personnalité de Sabina ? Où et comment le masculin a-t-il pris une place dans un univers psychique en grande partie maternisé ?

Un rêve vient éclairer cette question.

« Je suis sur un terrain de sport, on court autour du stade sur une piste cendrée, je m'échauffe pour me préparer à courir et à gagner. Je suis confiante. Je démarre en trombe au coup de sifflet de l'entraîneur. Mais en courant, je m'aperçois que je perds de la vitesse et que les autres me doublent. Je comprends que c'est un problème de chaussures : je découvre avec surprise et horreur que j'ai aux pieds de vieilles babouches toutes avachies comme celles que ma mère portait à la maison quand elle revenait de son travail. J'essaie de les enlever, pour pouvoir courir pieds nus. Impossible, elles me collent à la peau. J'arrive bonne dernière, je pleure, j'ai honte, mais les autres me félicitent. L'entraîneur m'applaudit sincèrement. Je ne comprends pas pourquoi. »

La réussite : une inflation affective contagieuse

Sabina découvre que son seul modèle relationnel est celui qui la met en tête de la course à la réussite. Les autres ? Des rivaux qu'il fallait dépasser pour arriver la première dans le cœur de sa mère, qui partagerait cette fierté avec son père.

Au collège ses amies étaient amoureuses. Elle s'étonnait qu'elles puissent l'être de garçons qui n'étaient pas têtes de classe, avec les meilleurs résultats. Elle se souvient aussi qu'elle n'avait jamais pu se laisser aller à se sentir amoureuse : c'était trahir le contrat de réussite passé avec les parents ! L'amour ferait chuter ses résultats, telle était la croyance de Sabina, que ses parents n'avaient sans doute pas démentie.

L'autre est d'abord celui qui reconnaît sa réussite et qui l'aime pour cela. Puis, il devient vite celui qu'elle se sent chargée, à son tour, d'entraîner dans sa réussite. Évidemment, les hommes qu'elle rencontre ne supportent pas longtemps cette dissymétrie.

« Tout ce que j'ai voulu oublier me revient à la figure », s'indigne Sabina, mi-rageuse, mi-pleureuse, à propos de son rêve. Entre la mère « à qui elle doit tout » selon sa formule, celle qu'elle coache pour cacher les « pauvres babouches » des origines, celle qui exerce son pouvoir sur sa fille pour ralentir sa course gagnante, Sabina est aux prises avec le complexe maternel négatif, d'où tout sentiment est absent.

Le travail d'analyse lui permet d'évaluer l'emprise réciproque qu'elle et sa mère exercent l'une sur l'autre, les enfermant dans une bulle fusionnelle impénétrable à un homme.

Mais le rêve incite Sabina à évaluer la toute-puissance, inconsciente et condescendante, qu'elle exerce sur sa mère, croyant l'aimer en la coachant pour masquer l'histoire de l'origine, dont elle a honte.

« Mais, pensait-elle la gorge nouée, si votre mère mérite amplement votre amour et que vous ne lui donnez pas, que vous le gardez soigneusement par-devers vous, que penser d'une personne pareille ? Si votre mère vous fait honte et que vous la tenez en dehors de tout ce qui vous concerne, qui êtes-vous donc[1] *? »*

Le lien exige la séparation

Au cours des mois suivants, une meilleure distance s'installe doucement entre les deux femmes. Un jour, Sabina est invitée au mariage d'une de ses collègues, qu'elle estime beaucoup, pour avoir accompli un parcours semblable au sien, mais encore plus *successful*, selon ses propres termes.

1. M. Ndiaye, *Ladivine*, Paris, Gallimard, 2013.

Sabina se préparait à un étalage de signes extérieurs de richesse. Elle se retrouve, d'abord sidérée mais heureuse, dans une fête traditionnelle, mélange de costumes typiques, de musiques et de danses du pays. Tandis que les rites qu'elle reconnaît se déroulent joyeusement pour sa « N + 2 », Sabina la voit rayonnante d'un bonheur simple, partagé avec son nouvel époux. Au retour, ses premières paroles ont été : « J'ai vraiment pris une claque. »

Le travail de Sabina se poursuit autour des images de son inconscient auxquelles elle sait désormais devoir s'intéresser. Elle quitte les idéaux enfantins, pour entrer dans une maturité plus sensible au doute, à l'observation de son monde intérieur, et développe une capacité à se laisser interroger par la vie.

Sa mère apprend à se « débrancher » de sa fille sans en mourir, même si parfois, Sabina sent qu'elle lui a imposé une différenciation rapide qu'elles n'ont pas eu le temps de construire à deux.

Quelques années plus tard, un message sur le répondeur du cabinet de la thérapeute annonce la naissance d'un petit Marwan : la thérapeute est invitée à partager le bonheur de son père et de sa mère, Sabina.

Apprendre à vivre le lien, c'est accueillir l'altérité de l'autre comme une valeur.

Des liens pour aimer et être aimé(e)

Nous vous proposons à présent d'analyser la façon dont vous êtes en lien avec vous-même et avec les autres. Votre partenaire intérieur vous considère avec bienveillance...

1/ J'examine avec objectivité la nature de mes liens aux autres, non pas ce que j'en ressens, mais bien sur quoi je les noue.

- Je suis attiré(e) par la différence, l'originalité.
- Au contraire, je suis plus attiré(e) par la ressemblance, la similarité avec moi.
- J'ai du mal à accepter que l'on puisse s'intéresser à moi.
- Je crois toujours qu'il faudra donner en retour quelque chose que je ne suis pas sûr(e) ni de percevoir et encore moins d'avoir.
- J'ai toujours peur d'être maltraité(e), abandonné(e).
- J'ai quelque chose à apprendre à l'autre, c'est cela qui me rend sociable.
- J'ai quelque chose à apprendre de l'autre, c'est cela qui me rend sociable.

2/ J'examine avec objectivité la manière que j'ai de nouer des liens avec les autres.

- J'attends que l'on vienne vers moi.
- Je suis capable de parler de moi de façon intime à la première rencontre.
- J'observe avant de m'avancer vers l'autre.
- C'est toujours l'autre qui vient à ma rencontre, qui fait le premier pas.
- Devant l'inconnu(e) je parle facilement le(la) premier(ère).
- Après, je m'aperçois que je n'ai pas questionné l'autre sur qui il est.
- Je n'écoute pas beaucoup...
- J'ai besoin de sentir que l'on m'admire.

3/ J'essaie de me formuler ce que les autres peuvent fuir de moi.

- Une attitude trop indécise, on ne sait pas ce que je pense.
- Une attitude trop autoritaire, il faut penser comme moi.

•••/

\•••

- Une attitude instable, on me dit lunatique.
- Une attitude trop séductrice, je veux être aimé(e) de tous, sans distinction.

4/ J'essaie de me formuler ce que les autres apprécient et aiment en moi.

- Mon énergie positive.
- Ma capacité à faire des projets.
- Ma manière de ne pas oublier les autres.
- Mon sens de l'humour.
- Mon réalisme.
- Ma simplicité.
- Mon intérêt pour ce qui ne se voie pas forcément.
- Ma capacité à me remettre en question sans me détruire.

J'assume consciemment ma manière d'être en lien avec les autres, avec ce que je peux et dois faire évoluer, et d'autre part, ce qui marque ma singularité de sujet et qui est moi.

Chapitre 13

De l'altérité à l'intériorité

« L'âme de l'homme
Est semblable à l'eau :
C'est du ciel qu'elle vient,
C'est au ciel quelle monte,
Et il lui faut redescendre sur terre
En un changement éternel[1]. »

Nous avons illustré le parcours de la quête du sens grâce aux récits de moments de psychothérapie ou d'analyse, vécus et rapportés par des rêves de patients, mais aussi avec l'appui d'écrits de quelques écrivains actuels. En conjuguant les émergences de l'inconscient issues des rêves avec des citations émanant de la créativité des auteurs, notre objectif était d'élargir notre réflexion sur nous-mêmes en utilisant plusieurs langages.

1. J.W. von Goethe, *Chant des esprits au-dessus des eaux*.

On l'a vu : il s'agit alors, non pas de se complaire dans une souffrance psychique que nous ne connaissons que trop, mais d'ouvrir notre champ de conscience sur les mécanismes inconscients entrant en jeu dans notre vie de tous les jours. En effet, nous n'avons pas besoin de devenir quelqu'un d'autre pour continuer à évoluer : il s'agit pour chacun de se transformer à partir de celui qu'il est et conscient d'être, honnêtement mais aussi amicalement.

« Le monde que tu découvres en toi, il te passionne. Tu aimes ces instants où tu es seule, n'as rien à faire et où tu t'absorbes en toi-même, écoutes le murmure de cette voix que tu entends toujours mieux. Elle te dit des choses qui te surprennent, te déconcertent, s'opposent parfois radicalement à ce que tu penses, mais tu sais qu'il te faut les accepter et essayer de les comprendre. Cette voix inconnue, que veut-elle ? Qu'a-t-elle à t'apprendre ? Où va-t-elle te mener[1] *? »*

S'écouter pour mieux s'entendre avec soi-même

Le cheminement proposé par ce livre est celui du retour sur soi : s'écouter, s'interroger, se mettre en quête du sens singulier de sa propre existence, avec ses forces et ses fragilités. Chacun, quand il accepte de s'écouter de manière ouverte et authentique, se comprend mieux et s'enrichit d'un calme intérieur, même s'il ne trouve pas forcément de réponses définitives à ses questions : il se familiarise avec ce qu'elles comportent parfois de mystère.

Ce faisant, chacun peut ajuster au mieux ses pensées et ses émotions à ce qu'il considère comme ses manques ou ses besoins. S'écouter

1. C. Juliet, *Lambeaux*, Paris, Gallimard, coll. « Folio », 1995, p. 33.

pour mieux s'entendre avec soi-même serait ainsi une manière de faire baisser la pression intérieure, reflet de nos exigences vis-à-vis de qui nous voudrions être, plutôt que de l'acceptation de qui nous sommes vraiment.

Nous avons interrogé ces exigences : la pression du monde externe ? La soumission inconsciente à une histoire familiale qui se transmet sans pensées et sans mots ? Notre propre sentiment de fragilité qui nous pousse à en faire toujours plus ? Et bien d'autres raisons encore.

Construire une perception de nous-mêmes plus équilibrée, c'est-à-dire soutenue par une vision plus complète de l'activité de notre vie intérieure, repose sur une conception de l'énergie psychique qui cherche à mettre le conflit intérieur en lumière : entre ce que j'aime en moi et ce que je préfère ignorer, entre le pour et le contre, entre le blanc et le noir, le oui et le non. Cette approche de nos différentes instances, parfois contradictoires, fait référence à ce que Jung nomme la « *conjonction des opposés*[1] ».

L'acceptation sincère de cette confrontation consciente aux forces opposées qui nous habitent – mais que nous n'osons parfois pas suffisamment considérer – crée une voie nouvelle qui nous aide à regarder différemment nos doutes comme nos certitudes ! Elle nous autorise à penser un peu mieux qui nous sommes et comment nous

1. *« La conjonction des opposés, qui implique par définition que ceux-ci soient distingués comme tels, crée un espace de tension entre des polarités différenciées et souvent de sens contraire. [...] Jung fait d'abord appel à la conjonction des opposés dans sa définition de la psyché comme un système d'autorégulation qui s'appuie sur des forces contraires capables de se contrebalancer. »* A. Agnel *et al.*, *Dictionnaire Jung*, *op. cit.*, entrée *Opposés*, p. 123.

« fonctionnons » dans la vie. Nous nous considérons alors d'une façon moins unilatérale, moins simpliste, et donc plus complexe, plus nuancée et plus accueillante à notre pluralité intérieure, et de ce fait plus accueillante également à l'autre dans sa différence. Notre rapport aux autres est très étroitement lié au rapport intime que nous entretenons avec nous-mêmes.

À la lecture des précédents chapitres, ce trésor de mots, d'images, de sentiments, d'explications des mécanismes psychologiques a fait naître en nous des ressentis, une reconnaissance de vécus que nous avons expérimentés ; il a peut-être fait remonter des souvenirs enfouis et, espérons-le, a mis le lecteur sur la voie d'une exploration féconde et constructive de sa vie intérieure, comme de sa personnalité dans son ensemble. Dans les pages qui suivent, il n'est plus tant question d'une écoute de l'inconscient, mais bien d'une écoute de sa propre intériorité, quand le mouvement du monde est tenu à distance et que le silence peut se faire en nous.

Le retour sur soi : une lame de fond

Il n'est pas original de constater qu'aujourd'hui, nous sommes en permanence exposés à la force des images uniformisatrices de la mode, de la publicité, des comportements stéréotypés, bombardés que nous sommes par des idées que diffusent dans une immédiateté fulgurante les réseaux dits « sociaux ».

Nos écrans personnels, téléphones, ordinateurs, etc., nous offrent non seulement des images de la société environnante, c'est-à-dire mondiale, mais aussi des images de nous-mêmes et des nôtres qui acquièrent le statut d'icônes que l'on implore, au sens premier du terme. Nous ne sommes plus sous la protection de médailles miraculeuses portées autour du cou… elles sont sur nos écrans : *selfies* qui témoignent d'une approche éminemment narcissique de l'idée que l'on se fait de sa propre valeur, réduite à son image…

Extraversion

Bien avant l'apparition de ces nouvelles technologies, l'analyste jungien Elie G. Humbert faisait déjà le lien entre ces jeux de miroir d'extraversion et le rapport inconscient à la mère des origines :

« Le narcissisme, qui a servi à constituer le sujet, apparaît de plus en plus comme un cocon tissé de multiples renvois en miroir et on s'aperçoit que ce cocon tient lieu de mère. La structure narcissique a remplacé la relation avec la mère et joue le même rôle. Elle porte, nourrit et enferme le moi, jusqu'à la sclérose. Le sujet a renoncé au domaine de l'enfance pour s'engager dans le monde, mais celui-ci lui sert de miroir, au point que la personnalité adulte est prisonnière d'une extraversion, qui l'aliène de plus en plus[1]. »

Face à la prison que représente une extraversion démesurée qui prône de tout montrer, tout dire, tout communiquer aux autres, on voit pourtant émerger dans la culture ambiante une nécessaire compensation, comme une lame de fond qui invite au retour sur soi. Elle nomme la valeur du silence, les vertus de l'intériorité et, *in fine*, la valorisation d'une quête spirituelle choisie et assumée. Évidemment, cette invitation ne contredit en rien les idéaux laïques de notre république, puisqu'il ne s'agit pas d'un quelconque prosélytisme religieux. Chacun peut orienter son cheminement vers

1. E.G. Humbert, *L'Homme aux prises avec l'inconscient*, *op. cit.*, p. 134.

la voie que lui indique sa réflexion personnelle. L'invitation à occuper une position intérieure qui existe en nous de tout temps. Comme nous le verrons, il s'agit d'une position personnelle, une manière à soi de pénétrer dans son jardin secret.

Les personnes chez qui l'extraversion s'est développée de façon quasi exclusive s'étonnent d'avoir peur qu'une dépression leur tombe dessus, quand elles ne sont pas surprises de découvrir qu'elles sont incapables de rester seules ou silencieuses. La dimension psychologique de cet état de « vide intérieur » a été largement développée dans une approche jungienne par Flore Delapalme[1], qui dépeint les mille et une façons de considérer, comme dans une maison, l'aménagement vivant et sécurisant de l'intérieur.

Naître à notre richesse profonde : la dimension spirituelle

Cette vague de réflexion spirituelle n'est pas nouvelle. De tout temps les hommes se sont interrogés sur la question d'une puissance inconnue et transcendante, c'est-à-dire qui les dépasse et leur permette de donner du sens à ce qu'ils ne comprennent pas, ce qui signifie d'accepter de se confronter de façon vivante aux vrais mystères de la vie humaine.

Récemment ce mouvement de réflexion sur notre monde interne a pris forme avec la diffusion des théories psychologiques et psychanalytiques qui ont permis à tout un chacun – et non plus aux seuls experts – de se saisir de notions spécifiquement scientifiques.

1. F. Delapalme, *Le Sentiment de vide intérieur*, Paris, Eyrolles, 2013.

On a pu mettre un nom, par exemple, sur le harcèlement psychologique, ou encore sur la perversion narcissique, sur les dégâts psychiques de la maltraitance, de l'inceste et autres problématiques contemporaines que l'on peut malheureusement rencontrer au quotidien. Nous pouvons désormais mieux les identifier pour les nommer et savoir qu'il est possible de les affronter, pour en soigner les effets dévastateurs.

Autrement dit, un fort courant culturel s'est développé au sujet des notions psychologiques et psychanalytiques qui a permis d'interroger les différentes facettes de notre rapport aux autres : la relation mère-bébé, la parentalité, la place et le rôle des grands-parents, les relations de couple hétérosexuelles et homosexuelles, les familles monoparentales, recomposées, etc.

À la rencontre de notre intériorité

Autour de l'intériorité s'impose aujourd'hui un autre niveau de réflexion, à la frontière entre psychologie, philosophie et expérience du sacré. Ce niveau est plus intime, plus personnel, plus poétique aussi ; il n'est pas sous-tendu par des théories préconçues. Il se déploie dans l'espace intime de notre jardin secret, qui peut être animé par le besoin d'en partager les questions et les expériences avec d'autres. Il renvoie à l'*Homo religiosus*, dont l'empreinte marque de tout temps la civilisation humaine.

Il faut ici revenir à la double étymologie du mot « religion[1] ». D'une part, le mot viendrait du latin *religare*, « relier », ce qui nous met en

1. A. Rey, *op. cit.*, entrée *Religion*.

lien avec la divinité. D'autre part, le mot pourrait venir du latin *legere*, « lire », c'est-à-dire « revenir sur ce qu'on a fait, ressaisir par la pensée ou la réflexion ». On retrouve cette double étymologie dans les mouvements contemporains d'idées qui animent aujourd'hui l'expérience du sacré.

La diffusion des philosophies orientales que les générations post-68 sont allées chercher en Inde a peut-être alimenté ce mouvement, comme l'ouverture culturelle à l'Asie avec ses textes fondateurs d'une pensée à la fois métaphorique mais souvent accessible directement. Tout cela a contribué à élargir la connaissance que nous avons de notre monde intérieur. Mais l'on peut également souligner, plus près de nous, le renouveau des pratiques chrétiennes à l'intention des jeunes générations : Taizé[1], les Journées mondiales de la jeunesse, etc.

Le dalai lama, Gandhi et sa non-violence, Mandela et sa lutte contre l'apartheid, mère Teresa et l'abbé Pierre pour la dignité due aux pauvres, Hannah Arendt et son concept de banalisation du mal, Simone Veil et la liberté de la femme de disposer de son corps, et plus récemment la résistante birmane Aung San Suu Kyi et le pape François, toutes ces figures remarquables de personnalités universelles ont sans doute apporté un souffle nouveau à notre réflexion sur le sens de la vie. Ce n'est plus le dogme d'une religion, parfois enseignée de façon autoritaire et culpabilisante, qui nous sermone, mais une approche universaliste qui nous rend responsables de nous-mêmes et des autres.

1. Taizé est une communauté œcuménique chrétienne qui œuvre activement pour le renouveau d'une expérience spirituelle au sens large, en particulier à l'intention des jeunes.

Nous nous sommes ouverts à des idées qui ont brisé le carcan de la rationalité à la française ainsi que la rigidité instituée d'une certaine religiosité et qui nous ont offert d'autres mots et de nouvelles images pour avancer dans notre insatiable quête du sens, mais aussi du mystère de notre vie. Pour les croyants, cette ouverture de la pensée a également dynamisé des pratiques religieuses qui avaient sans doute besoin d'air frais et de s'ouvrir au temps présent. En effet, comment ne pas perdre l'essence ? *« C'est l'exercice, lequel développe l'œil intérieur, qui nous donne la chance de toucher la profondeur du mystère*[1]. » L'exercice commence par l'acceptation de la question : comment je me situe personnellement vis-à-vis des idées reçues, quand je les considère face à mes valeurs les plus authentiques ?

L'ailleurs, convocation à une rencontre intérieure

Confrontés au melting-pot culturel dans lequel vivent la plupart d'entre nous au sein des grandes villes, nous sommes aussi informés par la mondialisation des mouvements humains comme par nos voyages, réels ou ceux que nous offrent les médias. Ces voyages nous apportent une ouverture sur d'autres pratiques religieuses, d'autres approches spirituelles, cultes et rituels qui nous questionnent et soutiennent la rencontre avec l'autre quand il est différent, voire étranger, et donc la rencontre avec la résonance intérieure que cela anime en nous-mêmes.

1. K.G. Dürckheim, *Le Centre de l'être. Propos recueillis par J. Castermane*, Paris, Albin Michel, coll. « Spiritualités vivantes », Paris, 1992, p. 188.

Cette nécessité d'occuper notre vie intérieure comme nous occupons notre corps (ce qui est différent de *nous en occuper* comme d'une instance extérieure à nous) entre en résonance et se développe aujourd'hui à travers les invitations qui nous sont faites à ce que l'on pourrait appeler une *écologie humaine*. Cette dernière nous sensibilise au respect de notre planète, à considérer sa beauté vivante, mais aussi les humains qui l'habitent, les animaux, les plantes et nous-mêmes.

Comment habiter chez soi ?

Comme toujours dans pareil cas, les recettes simplistes font florès, parce qu'elles se proposent comme remèdes magiques qui entrent en résonance avec des fantasmes d'omnipotence narcissique d'être le meilleur, le plus zen, le plus vegan[1], etc. Ce pourrait également être une mise en acte du besoin de rester dans la recherche de l'idéal[2], alors que, comme le décrit Elie G. Humbert, l'homme se doit :

« [d']habiter sa faiblesse, [de] suivre le chemin de sa faiblesse, c'est un choix, une évaluation personnelle. Mais c'est aussi un sens. Celui qui se tient là où il ne peut plus rien commence à toucher un au-delà de son moi, dans l'attente même que quelque chose arrive. Le sujet naît de cette position, obscure, sans savoir, sans pouvoir[3] *».*

Les techniques de méditation, les pratiques telles le yoga, le tai-chi et autres modes de mise en relation du corps et de l'âme existent.

1. Le véganisme est un mode de vie qui consiste à ne consommer aucun produit issu des animaux ou de leur exploitation.
2. Voir chapitre 11, « La maladie d'idéal », p. 155.
3. E.G. Humbert, *L'Homme aux prises avec l'inconscient*, *op. cit.*, p. 150.

Mais le plus simple, et ce qui nous correspond souvent le mieux, ne serait-il pas de retrouver les gestes de notre tradition : la contemplation, le silence, *se tenir au-delà de son moi* dans une tranquillité confiante ? Nous avons en effet tous pu déjà éprouver combien le contact avec la nature, dans une symbiose respectueuse, peut avoir un extraordinaire pouvoir soignant.

L'espace intérieur comme contenant de sécurité

Alors que la psychanalyse freudienne a, dans ses textes fondateurs, fait de la religion une névrose, une illusion, adoptant par là même une posture rationaliste propre à la culture cosmopolite de la Vienne du début du XIXe siècle, au contraire, Jung, issu d'une famille de pasteurs suisses protestants, a toujours donné une valeur élevée à la quête spirituelle de l'homme qui a été de tout temps un *Homo religiosus*. Cette quête a accompagné l'homme depuis les origines de l'humanité et se poursuit, bien sûr, de nos jours[1]. Pour Jung, est « *religieux ce qui parle à l'individu de son origine et de sa fin, de ce qui le précède et le dépasse*[2] ». Autrement dit, pour Jung, cette dimension du religieux n'est pas seulement instituée ou institutionnelle à travers les différentes églises temporelles, mais est aussi une position intérieure qui trouvera ou ne trouvera pas, selon le choix de chacun, à éventuellement faire corps dans un collectif organisé.

1. Voir Y. Tardan-Masquelier « La religion comme expérience primordiale », *Cahiers jungiens de psychanalyse*, n° 94, 1999.
2. *Ibid.*, p. 59.

Quête spirituelle et blessure d'enfance

La question qui se pose, dans le cadre de cette étude autour du complexe maternel négatif, serait donc de se demander s'il existe un rapport entre la découverte ou la relance d'une pratique spirituelle chez certains patients, avec la cicatrisation qu'ils ont eu à vivre, d'une ancienne blessure induite par une défaillance du contenant psychoaffectif maternel. La pratique clinique du psychothérapeute et de l'analyste est un champ d'observation qui permet d'émettre des hypothèses à ce sujet.

Le contenant de sécurité intérieure

Comme nous l'avons déjà montré, la recherche sur le développement de l'enfant a permis des observations donnant lieu à des découvertes psychologiques qui nous sont utiles pour relier cette recherche de sérénité dans la solitude avec l'approche spirituelle qui se construit dans l'intériorité. Donald Winnicott, dans un de ses textes fondateurs, a développé l'idée qu'une étape significative de la maturation psychoaffective du tout-petit résidait dans sa capacité à être seul en présence de l'autre. L'autre en question étant le plus souvent la mère… mais pas seulement.

« *À propos de l'objet interne, Winnicott signale que lorsque* "vient le temps où l'individu intériorise cette mère, support du moi, il devient capable d'être seul sans recourir à tout moment à la mère ou au symbole maternel". *Cette capacité d'une solitude comme ressourcement apparaît donc avec l'intériorisation de la présence de l'objet absent*[1]. »

1. D. Agostini, « Les concepts de "capacité d'être seul" (D.W. Winnicott) et de "se sentir seul" (M. Klein) », *Adolescence*, n° 51, 2005, p. 67-78.

Autrement dit, c'est parce que le bébé ou le jeune enfant a intériorisé la sécurité de la présence contenante d'une instance maternelle[1] qu'il peut, en quelque sorte, se « brancher » sur cette greffe psychique de sécurité à l'intérieur de lui-même, sans avoir besoin de l'activer concrètement, en exigeant par exemple d'être pris dans les bras ou nourri, ou encore que quelqu'un joue avec lui. Il peut alors jouer seul, mais aussi et surtout il peut penser, rêver éveillé et avoir ainsi accès à sa vie intérieure.

S'écouter grandir

J'ai suivi Michaël, neuf ans, pour une psychothérapie dans le CMPP d'une banlieue populaire. Alors que nous allons nous séparer pour la fin de son traitement, je lui demande : « Qu'est-ce qu'il te restera de notre travail quand tu vas grandir ? » Michaël me répond : « D'abord, ce qui va me manquer, c'est qu'ici il n'y a pas de bruit, c'est calme pour s'entendre grandir à l'intérieur. » Puis il ajoute : « Ce calme c'est quelque chose qui ne se vend pas, ça ne s'achète pas, il n'y a que moi qui peut le fabriquer... et j'espère que je n'oublierai pas de continuer à le faire... »

Michaël témoigne de cette capacité – rare chez un enfant – d'entendre une vie en soi, au-delà des bruits du monde extérieur, et d'en faire un objet que l'on peut nommer pour en conserver l'expérience vivante dans sa mémoire. Gérard Depardieu a lui aussi témoigné de ce type de parole qui s'inscrit comme « *un rayon lumineux* »,

1. Instance maternelle qui peut être mise en œuvre par un homme, une nourrice, une institution, à condition qu'elle soit contenante affectivement et authentiquement bienveillante.

parole qui aurait pu prêter à indifférence et même moquerie pour l'adolescent déjà délinquant qu'il était alors. Quelque chose en lui accepte de s'en laisser pénétrer et l'ouvre à une dimension « *numineuse*[1] ». Il raconte alors qu'un type lui a dit : « *Tu as des mains de sculpteur* » .

« Ce type qui ne veut pas voir toute la merde qui m'entoure à ce moment-là de ma courte existence, qui arrête son regard sur mes mains et énonce ces quelques mots, me libère, m'ouvre les portes. C'est le rayon lumineux qui te tombe soudain du ciel alors que tu moisissais au fond d'un cachot. Tu te croyais enfermé, prisonnier, tu pensais que le mur était infranchissable et soudain tu découvres que la Terre vient de trembler et qu'une brèche est apparue à travers laquelle tu vas pouvoir te glisser, t'envoler vers la lumière[2]. »

Créer le point de rencontre avec soi-même

Martin se présente un beau jour chez la psychothérapeute en disant : « J'en ai marre d'être cabossé, j'ai perdu quelque chose qui me permettait de tenir quand j'étais enfant, je voudrais retrouver cette force intérieure… » L'histoire de Martin est une succession d'épreuves, en grande partie liées à la fragilité de la santé physique et psychique de sa mère, et à l'abandon dont il a été l'objet de la part de son père. Son enfance et son adolescence ont été un voyage incessant entre

1. *« Jung utilise ce terme […] pour qualifier l'état émotionnel produit par l'activation spontanée d'un archétype. Le niveau de conscience est abaissé ; le sujet est mis "dans un état de saisissement, c'est-à-dire de soumission passive." Par leur numinosité, les images ou situations ont une certaine action, bien qu'elles ne soient pas comprises intellectuellement. »* A. Agnel *et al.*, *Dictionnaire Jung*, *op. cit.*, p. 116.
2. G. Depardieu, *Ça s'est fait comme ça*, Paris, XO, 1974, p. 47.

attachement et rupture, au gré des institutions et des familles d'accueil où il était momentanément placé, puis repris par sa mère, avant une nouvelle séparation.

À quarante ans, enfin stabilisé dans un emploi de graphiste au sein d'une entreprise de réinsertion, Martin peut commencer à s'occuper de « ce qui se passe là-dedans » car, dit-il en montrant sa tête de la main : « C'est une vraie poubelle et il faut faire le tri ! »

Martin a connu la drogue, la prostitution, la prison, et la psychothérapeute comprend qu'il ne dit pas tout pour protéger l'autre d'une horreur que lui-même n'a pas complètement dépassée. À l'entendre, elle se demande comment il a pu survivre à une telle violence ordinaire. Sa réponse est claire et nette :

« Lorsque j'étais enfant, je me suis inventé une prière. Ce n'était pas une prière religieuse, c'était *ma* prière ; je ne sais pas comment appeler ça autrement. Je me la récite tous les jours. Ça me prend du temps, mais si je ne l'ai pas dite, c'est une mauvaise journée pour moi. Ça veut dire que je me suis perdu dans le n'importe quoi. *Ma* prière, c'est une énumération des gens et des choses que j'aime. La beauté est importante pour moi… Des gens, mais aussi des idées de protection, pour eux et pour moi… Le fait que je pense à eux de cette manière-là, c'est spécial ; la prière, c'est pas une manière de penser ordinaire… C'est aussi une manière de penser à moi, de me créer un sas de calme et de sérénité dans ma journée. Dans l'entreprise où je travaille, il y a des musulmans qui font aussi leur prière. Souvent je vais avec eux, ils m'accueillent dans leur salle, parce que l'on se comprend. Ça fait partie de notre journée. Le patron est d'accord, même s'il me trouve un peu fêlé… »

Cette expérience nous donne toute la mesure de ce que Jung nomme la « *pensée imaginative*[1] » : celle qui n'est pas régulée par la rationalité contraignante mais qui intègre au contraire la créativité issue de l'inconscient en réponse aux besoins de compensation créés par le monde externe.

L'autre, un autre en soi

Souvent les patients viennent chercher la résolution d'une difficulté relationnelle qu'ils éprouvent dans leur vie quotidienne sans réaliser qu'ils sont autant en difficulté à entrer en relation avec eux-mêmes qu'avec les autres. Francisco, comme il nous le montre, a eu besoin d'apprendre cette capacité à être seul pour pouvoir progressivement reconstruire son lien aux autres.

Construire et aménager une maison intérieure

Quand Francisco entame un « travail sur lui », comme il le dit, c'est un homme détruit par la vie : il a contracté une maladie grave par manque de la plus élémentaire prévention, son travail ne l'intéresse pas et il désire en changer sans pour autant rien mettre en œuvre. Il vit seul, sans liens affectifs avec sa famille d'origine, et n'a pas ou peu construit de relations amicales ou amoureuses. C'est un homme seul et désespéré. Une grande violence l'habite et rend ses contacts avec les autres litigieux, polémiques, quand ce n'est pas agressifs. Le travail de thérapie s'est développé sur plusieurs années, longues et parfois difficiles, au cours desquelles Francisco a pu reconstruire progressivement une image plus aimable de lui-même, et élargir son champ relationnel de façon plus vivante.

1. C.G. Jung, *Métamorphoses de l'âme et ses symboles*, *op. cit.*

Élevé seul face à une mère éternelle endeuillée et maltraitante, Francisco réanime progressivement en lui une capacité à se bien traiter. Son corps, sa maison, son rythme de travail font l'objet d'une relecture qui met en lumière la maltraitance qu'il s'inflige. Il apprend à être une bonne mère pour lui-même.

Évidemment, la question de comment il traite l'autre, le voisin, le passager du bus, le client de la boulangerie devant lui et ses rares amis, sera également sujet à cette analyse, qui lui permet de prendre conscience des effets de miroir : se maltraitant lui-même, il maltraite l'autre. Francisco manque de repères pour accéder à son monde intérieur et il choisit d'adopter les pratiques de méditation bouddhiste pour apprendre à construire le calme en lui. En séance il rapporte le soulagement de découvrir que, sur ce chemin, il peut être habité d'une nouvelle expérience de paix intérieure, dans le « silence nourrissant », comme il dit, sans avoir besoin d'adjuvants tels la musique, la télé, ou même l'alcool. Intégrer un groupe de méditation lui a permis de reconstituer un rapport à sa vie intérieure qui lui avait manqué jusqu'alors.

Initiation et itinéraire

Michel Cazenave, philosophe et grand connaisseur de la pensée de Jung, souligne la parenté entre la métamorphose que nous pouvons rechercher à partir de qui nous sommes et l'initiation qui nous transporte à la découverte de notre mystère :

.../...

.../...

« Il me paraît important de rappeler la parenté profonde entre la métamorphose, l'"errance mystique" (ce que nous sommes accoutumés d'appeler le pèlerinage), et les épreuves successives que doit affronter et traverser la psyché en quête de son destin. Car c'est la même parenté que l'on trouve entre l'initiation et l'itinéraire, qui découlent tous deux de la même racine latine qui veut dire le voyage : autant dire que l'initiation, dans son sens premier, n'est pas ce qu'un vain ésotérisme a tenté de nous faire croire, mais que, dans notre culture, c'est la mise en route de l'âme dans nos plus anciens cultes à mystères, c'est-à-dire le pouvoir et l'appel à notre métamorphose intérieure à travers des événements dont notre langage commun est inapte à rendre compte[1]. »

Et si ce que nous nommons ici « jardin secret », espace intérieur dans lequel se cultive un sens profond et intime de notre vie d'adulte, était en continuité avec l'expérience vécue autrefois dans l'amnios, dans ce bain de vie de notre origine au sein duquel le projet de réaliser un peu plus qui nous sommes pouvait encore se développer aujourd'hui ?

Se connaître, continuer à faire naître à soi-même ces parts inconnues, blessées, refoulées qui demandent une attention discrète mais bienveillante, comme celle dont une mère est capable vis-à-vis de son enfant… Alors on pourrait dire que notre vie intérieure, qu'on l'appelle spirituelle ou non, est la continuation du projet de croissance qui s'est logé non seulement dans un corps, mais aussi une âme maternelle pour transmettre la vie sous toutes ses formes, ses mystères et sa beauté.

1. M. Cazenave, préface à P. Solié, *Médecines initiatiques*, *op. cit.*, p. 8.

Conclusion

Se connaître pour renaître

À propos des blessures de mère qui sont inscrites dans la personnalité de l'enfant devenu aujourd'hui adulte, des passerelles de pensées vivantes et actuelles se présentent à nous : entre, d'une part, des théories psychanalytiques (que l'on peut parfois trouver abstraites), et d'autre part des observations cliniques dans lesquelles chacun peut se reconnaître parce qu'il a été le bébé, puis l'enfant, d'une mère, la sienne en propre.

La psychanalyse et les psychothérapies nous ont parfois laissés croire que nous avions à comprendre notre histoire avec notre intellect. Aujourd'hui, on sait mieux que l'expérience relationnelle est d'abord à la source de notre évolution psychologique.

Depuis que nous avons acquis le langage, notre partenaire intérieur est notre premier compagnon de vie ; dans la relation à nous-mêmes, cette petite voix peut être amicale, bienveillante, mais aussi sévère et intransigeante, parfois sans cœur.

D'autres relations, amicales, familiales, amoureuses, professionnelles nous ont transformés, parce qu'un espace d'accueil est resté entrouvert en nous. Ce livre est à lire dans cet espace protégé : entre soi et soi !

Au départ de cette réflexion, nous avons posé la nécessité de mieux identifier les composantes de la relation entre la mère et son bébé : non pas pour la banaliser, ou la normaliser, mais pour en faire apparaître l'essence.

À savoir que les besoins de chaque bébé peuvent être satisfaits par chaque mère spécifique : nul besoin d'une histoire extraordinaire pour faire de bons vivants ! En effet, il n'y a pas lieu d'en standardiser des soi-disant critères de bonne mère comme de mauvaise mère.

Au contraire, faire apparaître qu'une mère se sentant suffisamment à sa place, avec son homme et les siens, dans la banalité de ses hauts et ses bas d'humeur, des aléas de la vie et d'une existence ordinaire, est bien ce qui offre au bébé l'espace psychique de singularité requis par toute personnalité humaine en construction.

Le concept de « *mère suffisamment bonne* » mis au jour par le psychanalyste anglais Donald Winnicott représente la façon humaine d'être soi des mères, comme des millions de mères, de par le monde, depuis que le monde est monde !

En cela il suit Jung pour qui la ressource énergétique matricielle est à l'origine de la vitalité comme de la destructivité humaine. Après les grandes déesses mères des mythes fondateurs, la mère personnelle accompagne la réalisation du projet de vie du bébé et de l'enfant vers l'adulte qu'il deviendra.

La notion jungienne d'inconscient collectif, dont chacun est porteur dans sa spécificité culturelle et dans sa singularité personnelle, est le contenant et le guide de cette croissance psychique humaine et universelle.

Parmi les composantes psychiques de la relation entre la mère et son bébé, il était important d'expliciter la notion d'ambivalence nécessaire, reliée au caractère « suffisamment bon » de la mère : une façon d'éviter les excès dans un sens comme dans l'autre. En effet, la culture familiale évolue dans le temps. On n'élève plus les enfants comme il y a cinquante ans : dans notre société de bien-être à tout prix, le risque aujourd'hui est grand de faire de l'enfant un roi malheureux, parce que toujours frustré du royaume qu'on lui avait promis.

L'ensemble de ces réflexions nous permet alors de dégager les effets des manquements maternels suffisamment significatifs pour que la croissance psychique de la personnalité de l'enfant, devenu adulte, en soit encore marquée. Sans nier la richesse et la diversité de l'âme humaine, nous nous sommes arrêtés à quelques situations typiques pour montrer les réelles possibilités de reconstruction et de transformation de tout un chacun. À partir de trois grands thèmes nous avons développé les effets des défaillances maternelles sur le développement psychique du bébé puis de l'adulte qu'il est devenu : l'identité, la vitalité, les liens et l'intériorité.

L'appui sur les positions thérapeutiques de l'analyse jungienne nous ouvre un espace créatif pour reprendre l'exploration des territoires intérieurs laissés en jachère par l'insuffisance d'échanges constructifs avec la mère des premiers temps de la vie.

Ce livre, dans cette collection, est une proposition offerte à chaque lecteur de s'emparer d'une pensée, d'un rêve, d'une expérience de vie qui lui parle personnellement. On peut mettre en travail psychique des représentations de soi différentes de ce que le leitmotiv de la douleur nous fait ruminer inlassablement, quels que soient notre âge et notre histoire.

Chaque fois que nous prononçons des appréciations définitives et unilatérales sur nous-mêmes, nous nous enfermons dans une image/douleur dont il sera difficile de nous défaire. Elles nous possèdent car elles prescrivent une coloration accentuée seulement sous un seul aspect à notre sentiment d'identité. Nous passons à côté de la richesse de notre complexité, mise en tension d'opposés qui nous offre l'espace pour penser qui nous sommes et ce que nous faisons.

L'inattendu nous permet de penser notre propre histoire d'une façon renouvelée. Une rencontre, une lecture, un mot dit par une voix amie, mais aussi par notre voix intérieure, nous transforment : évidemment à condition de ne pas être barricadés dans nos certitudes à propos de nous-mêmes. L'élaboration de « ce qui nous a faits » n'est jamais terminée. À chacun d'en élaborer le récit, dans une histoire vivante qui l'ouvre vers un « à venir » créatif.

Bibliographie

ACHACHE C., *Fille de*, Paris, Stock, 2011.

AGNEL A. *et al.*,

Dictionnaire Jung, Paris, Ellipses, 2008.

Le Vocabulaire de Carl Gustav Jung, Paris, Ellipses, 2005.

AGOSTINI D., « Les concepts de "capacité d'être seul" (D.W. Winnicott) et de "se sentir seul" (M. Klein) », *Adolescence*, n° 51, 2005.

AJAR É., *Pseudo*, Paris, Mercure de France, 1976.

ALLAIN DUPRÉ B.,

"Alchemy in the image of the analyst", *The Journal of Analytical Psychology*, vol. 43, n° 4, 1998.

« Né et non né. Réflexions sur la fratrie empêchée », *Cahiers jungiens de psychanalyse*, n° 101, 2001/2.

ALLAIN DUPRÉ B. *et al.*, *Maria et le Thérapeute, une écoute plurielle, Cahiers jungiens de psychanalyse*, Paris, 2004.

ALLAIN DUPRÉ B. et MAFFEI G., « L'illusion créative, double et croyance », *Cahiers jungiens de psychanalyse*, n° 105, 2002.

AMEISEN J. C.,

Ressentir, podcast de l'émission de France Inter : « Sur les épaules de Darwin », du 23 janvier 2011.

Sur les épaules de Darwin. Les battements du temps, Éditions Les liens qui libèrent – France Inter, 2012.

Amicale nationale des enfants de la guerre, ANEG, « Témoignage de Monique Badens », in *Des fleurs sur les cailloux*, Limerzel, Éditions Laurent Guillet, 2010.

ANZIEU D., *Le Moi-peau*, Paris, Dunod, 1995.

ANZIEU D. *et al.*, *Les Enveloppes psychiques*, Paris, Dunod, 2013.

BARRIE J. M., *Peter Pan*, Paris, Librio, 2003.

BAZIN H., *Vipère au poing*, Paris, Le Livre de poche, 1972.

BECKETT S., *L'Innommable*, Paris, Les Éditions de Minuit, 1969.

BEIGBEDER F., *Un roman français*, Paris, Le Livre de poche, 2010.

BENEDEK L. von, *La Crise du milieu de vie : un tournant, une seconde chance*, Eyrolles, 2010.

BENHAÏM M., *L'Ambivalence de la mère*, Toulouse, Érès, 2011.

BLAFFER HRDY S., *Les Instincts maternels*, trad. F. Bouillot, Paris, Payot, 2004.

BOURREILLE C., *Types psychologiques et processus d'individuation*, Paris, Le Martin-pêcheur/Domaine jungien, 2013.

BYDLOWSKI M., *Je rêve un enfant. L'expérience intérieure de la maternité*, Paris, Odile Jacob, 2010.

Cahiers jungiens de psychanalyse,
« Le génie alchimique », n° 121, 2007.
« L'ombre », n° 123, 2007.
« Le couple et son ombre », n° 97, 2000.
« Séparation, différenciation », n° 61, 1989.

CAHN R., *L'Adolescent dans la psychanalyse : l'aventure de la subjectivation*, Paris, PUF, 1998.

CHABERT C. *et al.*, *Figures de la dépression*, Paris, Dunod, 2005.

CICCONE A., dir., *Psychanalyse du lien tyrannique*, Paris, Dunod, 2003.

CICCONE A. *et al.*, *La Part bébé du soi*, Paris, Dunod, 2012.

CORCOS M., *Penser la mélancolie*, Paris, Albin Michel, 2005.

CYRULNIK B., *Sauve-toi la vie t'appelle*, Paris, Odile Jacob, 2012.

DELAPALME F., *Le Sentiment de vide intérieur*, Paris, Eyrolles, 2013.

DEPARDIEU G., *Ça s'est fait comme ça*, Paris, XO, 1974.

DESPLANQUES E., *Là-bas si j'y suis*, Paris, Éditions de l'Olivier, 2013.

DICKINSON E., *Poésies complètes*, [Édition bilingue], Paris, Flammarion, 2009.

DOLTO F., *Séminaire de psychanalyse d'enfant*, Paris, Seuil, 1991.

DUPEREY A., *Le Voile noir*, Paris, Seuil, coll. « Points », 2003.

DURAS M., *Un barrage contre le Pacifique*, Paris, Gallimard, coll. « Folio », 1978.

DÜRCKHEIM K.G., *Le Centre de l'être. Propos recueillis par J. Castermane*, Paris, Albin Michel, coll. « Spiritualités vivantes », Paris, 1992.

FÉDIDA P., *Des Bienfaits de la dépression*, Paris, Odile Jacob, 2009.

FERENCZI S., *La Confusion des langues*, Paris, Payot, 2004.

GARY R., *La Promesse de l'aube*, Paris, Gallimard, coll. « Folio », 1980.

GAUVAIN-PIQUARD A., *La Douleur de l'enfant*, Paris, Calmann-Lévy, 1993.

GIACHETTI R., *La Maladie bipolaire expliquée aux souffrants et aux proches*, Paris, Odile Jacob, 2012.

GIAMPINO S., « À ta mère plus que l'amour tu demanderas », *Spirale*, 2006/3, n° 39.

GREEN A., in A. de Mijolla, « Mère morte (complexe de la) », *Dictionnaire international de la psychanalyse*, Paris, Calmann-Lévy, 2002.

GUY-GILLET G.,

« Il était une fois le soi », *Cahiers jungiens de psychanalyse*, n° 76, printemps 1993.

La Blessure de Narcisse, Paris, Albin Michel, 1994.

HALMOS C., *Dis-moi pourquoi. Parler à hauteur d'enfant*, Paris, Fayard, 2012.

HAUSTGEN T., *Idées reçues sur les troubles bipolaires*, Paris, Le Cavalier bleu, 2013.

HUMBERT E. G.,
Écrits sur Jung, Paris, Retz-Nathan, 1993.
L'Homme aux prises avec l'inconscient, Retz-Nathan, 1992.
Jung, Éditions universitaires, Paris, 1983.

ISRAËL J., « Les coliques du nourrisson », *Spirale*, 2010/4, n° 56.

JULIET C., *Lambeaux*, Paris, Gallimard, coll. « Folio », 1995.

JUNG C. G.,
Collected Works. Psychiatric Studies, vol. 1, trad. R. Hull, 1957, Londres, Routledge & Kegan Paul.
L'Homme à la découverte de son âme, trad. R. Cahen, Paris, Payot, coll. « Petite Bibliothèque Payot », 1962.
Ma vie. Souvenirs, rêves et pensées, Paris, Gallimard, 1968.
Métamorphoses de l'âme et ses symboles, 1983, Genève, Librairie de l'université, Georg.
Problèmes de l'âme moderne, Paris, Éditions Buchet Chastel, 1984.
Psychologie et Éducation, Paris, Éditions Buchet Chastel, 1977.

KAES R., « Les dépressions conjointes », in C. Chabert *et al.*, *Figures de la dépression*, Paris, Dunod, 2005.

LAZARRE J., *Splendeur (et misères) de la maternité*, préface et traduction de N. Huston, La Tour d'Aigues, Éditions de l'Aube, 1994.

LYARD D., *Les Analyses d'enfants : une clinique jungienne*, Paris, Albin Michel, 1988.

MCDOUGALL J., *Éros aux mille et un visages*, Paris, Gallimard, 1996.

MCFARLAND SOLOMON H.,
« Le soi éthique », *Cahiers jungiens de psychanalyse*, n° 100, printemps 2001.
« La personnalité *"as if"* : la création du self face au vide », *Cahiers jungiens de psychanalyse*, n° 119/120.

MIJOLLA A. (de), *Les Visiteurs du moi*, Paris, Les Belles Lettres, 2003.

MODIANO P., *Un pedigree*, Paris, Gallimard, coll. « Folio », 1983.

NDIAYE M., *Ladivine*, Paris, Gallimard, 2013.

NOIVILLE F., *La Donation*, Paris, Stock, 2007.

PENNAC D., *Journal d'un corps*, Paris, Gallimard, 2012.

PRAT R., « Les bébés qui réactivent notre folie », *Spirale*, n° 45, 2008/1.

RACAMIER P.-C., *Le Génie des origines*, Paris, PUF, 1992.

REY A., *Dictionnaire historique de la langue française*, Le Robert, 1998.

RIVOAL I., *Grosse*, Paris, Le Dilettante, 2012.

RIZZOLATTI G. et SINIGAGLIA C., *Les Neurones miroirs*, Paris, Odile Jacob, 2008.

SCHMID-KITSIKIS E., « Du festin cannibalique au plaisir de la pensée », *Revue française de psychanalyse*, vol. 71, 2007.

SIMENON G., *Lettre à ma mère*, Paris, Le Livre de poche, 1974.

SOLIÉ P., *Médecines initiatiques*, Paris, Le Martin-Pêcheur/Domaine jungien, 2013.

STERN D.,
Le Monde interpersonnel du nourrisson, Paris, PUF, 2003.
Les Formes de vitalité. Psychologie, arts, psychothérapie et développement de l'enfant, Paris, Odile Jacob, 2010.

SZWEC G., « Adultes naufragés, nourrissons en perdition », *Revue française de psychanalyse*, n° 3, 1994.

TARDAN-MASQUELIER Y., « La religion comme expérience primordiale », *Cahiers jungiens de psychanalyse*, n° 94, 1999.

THIBAUDIER V.,
« Interview de Laura Sheleen », *Cahiers jungiens de psychanalyse*, n° 58, 1988.
100 % Jung, Paris, Eyrolles, 2011.

VIELJEUX J., « La Persona », in *Cahiers jungiens de psychanalyse*, n° 58, 1988.

WADELL M., *Vies intérieures. Psychanalyse et développement de la personnalité*, trad. M.C. Réguis-Simeloff, Larmor-Plage, Éditions du Hublot, 2002.

WASMUTH F., « Fonction de parents, fonction de l'analyste », in B. Allain Dupré *et al.*, *Maria et le Thérapeute, une écoute plurielle*, Paris, *Cahiers jungiens de psychanalyse*, 2004.

WILLEQUET P., *Mères et Filles. Histoire d'une emprise*, Paris, Seuil, 2008.

WINNICOTT D.,

De la pédiatrie à la psychanalyse, Paris, Payot, 1989.

Processus de maturation chez l'enfant : développement affectif et environnement, Paris, Payot,1970.

WINTERSON J., *Pourquoi être heureux quand on peut être normal ?* Paris, Éditions de l'Olivier, 2012.

* On trouvera un certain nombre d'articles des *Cahiers jungiens de psychanalyse* cités en référence, sur le site http://www.cairn.info/

Également dans la collection « Comprendre et agir » :

Juliette Allais,
– *Décrypter ses rêves*
– *Guérir de sa famille*
– *Au cœur des secrets de famille*
– *Amour et sens de nos rencontres*
Juliette Allais, Didier Goutman, *Trouver sa place au travail*
Bénédicte Ann, *Arrêtez de vous saboter*
Dr Martin M. Antony, Dr Richard P. Swinson,
Timide ? Ne laissez plus la peur des autres vous gâcher la vie
Lisbeth von Benedek,
– *La Crise du milieu de vie*
– *Frères et sœurs pour la vie*
Valérie Bergère, *Moi ? Susceptible ? Jamais !*
Marcel Bernier, Marie-Hélène Simard, *La Rupture amoureuse*
Gérard Bonnet, *La Tyrannie du paraître*
Jean-Charles Bouchoux, *Les Pervers narcissiques*
Sophie Cadalen, *Aimer sans mode d'emploi*
Christophe Carré, *La Manipulation au quotidien*
Marie-Joseph Chalvin, *L'Estime de soi*
Cécile Chavel, *Le Pouvoir d'être soi*
Patrick Collignon, *Heureux si je veux !*
Claire-Lucie Cziffra, *Les Relations perverses*
Michèle Declerck, *Le Malade malgré lui*
Flore Delapalme, *Le Sentiment de vide intérieur*
Ann Demarais, Valérie White, *C'est la première impression qui compte*
Marie-Estelle Dupont, *Découvrez vos superpouvoirs chez le psy*
Sandrine Dury, *Filles de nos mères, mères de nos filles…*
Jean-Michel Fourcade, *Les Personnalités limites*
Micki Fine, *Aime-moi comme je suis*

Laurie Hawkes,
– *La Peur de l'Autre*
– *La Force des introvertis*
Steven C. Hayes, Spencer Smith, *Penser moins pour être heureux*
Jacques Hillion, Ifan Elix, *Passer à l'action*
Mary C. Lamia, Marilyn J. Krieger, *Le Syndrome du sauveur*
Lubomir Lamy,
– *L'amour ne doit rien au hasard*
– *Pourquoi les hommes ne comprennent rien aux femmes…*
Virginie Megglé,
– *Les Séparations douloureuses*
– *Face à l'anorexie*
– *Entre mère et fils*
Bénédicte Nadaud, Karine Zagaroli, *Surmonter ses complexes*
Ron et Pat Potter-Efron, *Que dit votre colère ?*
Patrick-Ange Raoult, *Guérir de ses blessures adolescentes*
Daniel Ravon, *Apprivoiser ses émotions*
Thierry Rousseau, *Communiquer avec un proche Alzheimer*
Alain Samson,
– *La chance tu provoqueras*
– *Développer sa résilience*
Steven Stosny Ph. D., *Les Blessées de l'amour*

Dans la collection « Les Chemins de l'inconscient », dirigée par Saverio Tomasella :

Véronique Berger, *Les Dépendances affectives*
Christine Hardy, Laurence Schifrine, Saverio Tomasella, *Habiter son corps*
Barbara Ann Hubert, Saverio Tomasella, *L'Emprise affective*
Martine Mingant, *Vivre pleinement l'instant*
Gilles Pho, Saverio Tomasella, *Vivre en relation*

Catherine Podguszer, Saverio Tomasella, *Personne n'est parfait !*

Saverio Tomasella,

– *Oser s'aimer*

– *Le Sentiment d'abandon*

– *Les Amours impossibles*

– *Hypersensibles*

– *Renaître après un traumatisme*

– *Les Relations fusionnelles*

Dans la collection « Communication consciente », dirigée par Christophe Carré :

Christophe Carré,

– *Obtenir sans punir*

– *L'Automanipulation*

– *Manuel de manipulation à l'usage des gentils*

– *Agir pour ne plus subir*

– *Bienveillant avec soi-même*

Fabien Éon, *J'ai décidé de faire confiance*

Florent Fusier, *L'Art de maîtriser sa vie*

Hervé Magnin, *Face aux gens de mauvaise foi*

Emmanuel Portanéry, Nathalie Dedebant, Jean-Louis Muller, Catherine Tournier, *Transformez votre colère en énergie positive !*

Pierre Raynaud, *Arrêter de se faire des films*

Dans la collection « Histoires de divan » :

Karine Danan, *Je ne sais pas dire non*

Laurie Hawkes, *Une danse borderline*

Dans la collection « Les Chemins spirituels » :

Alain Héril, *Le Sourire intérieur*

Lorne Ladner, *Pratique du bouddhisme tibétain*

PEFC
10-31-2541
Certifié PEFC
Ce produit est issu
de forêts gérées
durablement et de
sources contrôlées.
pefc-france.org

Composé par Sandrine Rénier
Achevé d'imprimer par Normandie Roto Impression s.a.s.
sur papier bouffant Munken Print 80g
N° d'imprimeur : 1600835
Dépôt légal : avril 2016

Imprimé en France